アリスのいた映画史

吉田はるみ

彩流社

目次

はじめに

世界で初めての映画を作ったのは？

映画に詳しい人なら、この問いに「リュミエール兄弟」と即答することだろう。

複数の人が同時にスクリーンに映された映像を見る。それを映画とするなら、世界初の映画はリュミエール兄弟によるシネマトグラフだということになっている。

このシネマトグラフは、一八九五年十二月二十八日に世界で初めて有料で公開された。日本の映画館では十二月二十八日が映画の日となっていて、割引料金を提供することもあるのでご存じの方もいるはずだ。

ただ近ごろは、映画は映画館で観るものだけではなくなってきた。それぞれが、思うままの場所と時間を選んで身近なディスプレイで見るものをも映画と呼ぶようになり、テレビで放映している場合も映画だ。ネットフリックスなど、デジタル配信を前提にして公開されるものも増えている。

このタイプのものも映画とするならば、リュミエール兄弟のシネマトグラフよりもトマス・エジソンのキネトスコープ（一八九一年）の方が発明は早かったことになる。エジソンのキネトスコープは、一人一人が、箱の中に映された動く画像を覗き穴から見る方式のものだった。

　さて、リュミエールのシネマトグラフが映したものは、身近な人たちの日常生活のスナップのようなもので、記録としての意味も持っていた。いわばノンフィクションと言ってもいい。しかしシネマトグラフが普及するにつれて、意図的に作ったもの、つまりフィクションが作られるようになる。このフィクション映画を世界で初めて作ったのは誰かといえば、ジョルジュ・メリエスというパリの興行師だとされている。

　脚本に沿って出演者が演じるものをフィクション映画と呼ぶならば、世界で初めてフィクション映画を作ったのはアリス・ギイ(一八七三〜一九六八)かもしれない。世界初の女性映画監督であることは言うまでもない。しかし、アリス・ギイの名は、上に挙げたリュミエール、エジソン、メリエスに比べてほとんど知られていない。日本ではほぼ無名といえる。

　それはなぜか？　画期的なことを行った女性はいったいどういう人だったのか？　という疑問からアリス・ギイについて調べはじめた。そして調べれば調べるほど、この女性についてもっと知りたいと思うようになった。

　映画のことを英語でフィルム(film)、シネマ(cinema)あるいはムーヴィー(movie)と呼ぶが、映画誕生の当時、こうした名称は存在しなかった。理由は単純、映画がそれまでこの世に存在しなかったからだ。当時の世界は写真の時代で、写真が時代の先端技術だった。そんな写真の画像が動きはじめた時、文字通り、それは動いている写真だったから「動く写真」(motion picture)と表現された。

日本では「活動写真」などと呼ばれた。

まだ存在しないもの、それが何であるかがはっきりしないものに名前はない。

一九六〇年代、「セクハラ」という言葉は、少なくとも日常語としては使われなかった。実際の行為としては存在していても、迷惑行為としての認識や観念がなかったからだ。映画は、何なのかが定かではないもの、として初めて人々の前に現れた。それは現実の出来事の再現であり、日常生活の記録であり、同時に感覚や感動を呼び起こすアトラクションでもあった。

私たちが今「映画」と呼んでいるものが、映画として認識され、俳優や監督をはじめ多くのスタッフで作るアクションやドラマを指すようになるのはその後のこと、たくさんの人がそれを映画館で見るようになるのはさらに後のことになる。

二十世紀になって映画はめざましく成長して、やがて円熟期を迎える。そして、映画をめぐる議論が繰り広げられ、芸術とも認識された。映画史が編纂され、批評が行われ、学問の対象ともなった。そしてこれらは全て、エジソンやリュミエール、メリエス、D・W・グリフィスといった名前から始まり、アリス・ギイが登場することはない。

そのアリス・ギイとは一体どんな人物だったのか。彼女について知ることは、映画史の最初期を見直すことに繋がるだろう。

第一章　アリス秘書になる

オペラ大通りで

アリソン・マクマハンの『Alice Guy Blanché: Lost Visionary of the Cinema』（二〇〇三年）の表紙に若き日のアリス・ギイの写真がある。ウエストを絞ったS字型シルエットのコートに、羽根飾りの帽子。ベルエポックのブルジョワ女性の典型的な装いだ。口もとにはあどけなさが残る。写真に題名をつけるとすれば、「溌剌」とでもするのがふさわしい。

一八九四年三月、二十歳のアリスはオペラ大通りに向かって道を急いでいた。目指すフォトグラフィ商会の建物は、パリの中心オペラ大通りにある。その日アリスは、フォトグラフィ商会で面接を受けることになっていた。

着ている冬物のコートは、姉のお下がりを作り直したものだ。ところどころ擦り切れているが、新しいものを作る余裕はなかった。父が亡くなってからの母と二人のアパート暮らしは豊かではない。アリスが家計を支えていた。

三月のパリ、空は晴れ渡り空気が冷たく冴えている。

このパリの中心地で、何かが始まる予感がアリスにはする。

その何かとは何だろう。

冷たい空気を吸って息を整えると、アリスは建物の扉を押した。

出生

一八七三年、アリスはパリのサン＝マンデで生まれた。パリのはずれ、ヴァンセンヌの森とともにあった町で、もとはパリの城壁の外にあった。

アリソン・マクマハン『アリス・ギイ－ブラシェ―忘れられた先駆者』（2003年）表紙

パリ生まれとはいえ、家は南米チリのヴァルパライソにあった。両親にはすでに四人の子供がいた。アリスは末っ子だ。

十九世紀、ヨーロッパから南米への移住がちょっとしたブームになった時期がある。

大革命の混乱をナポレオンが統率した後もフランスの歴史は波瀾万丈だった。大革命、王政復古、再び革命、共和政、パリコミューンと、社会は目まぐるしく変動した。

革命によって貴族は土地を追われて財産を失う。没落した生活を立て直して富を取り戻そうとした上・中流階級、あるいはこれに乗じて階級を這い上がろうとする人たちの中には、活路を南米に向けた者がいた。

彼らを乗せた船はフランスの港を出て大西洋を南へ進み、マゼラン海峡をぐるりと回ると太平洋を北上した。パナマ運河が開通する半世紀前のことだ。

南北に細長い国チリの中ほどに首都サンチャゴがある。ヴァルパライソは首都サンチャゴに通じる港で、ヨーロッパからの航路はアメリカのサンフランシスコまで通じていた。ゴールドラッシュの一八四九年には、百隻以上の船がヨーロッパからヴァルパライソ経由でサンフランシスコに向かった。

年中温暖なヴァルパライソには、船乗りや移住者が好んで住んだ。国際色豊かな目抜き通りにはイギリス、フランス、ドイツのホテルや病院が作られ、劇場、商店が軒を連ねた。パリやロンドンからの品が届き、南米にいながら、女性は新しいファッションに身を包むこともできた。

カフェでくつろぐ人々の間を数種類の言語が飛び交う。ヨーロッパの国際都市さながらの光景だ。それぞれの言語のコミュニティが自然にできあがった。

アリスの叔父ルイ・ポヨがエミール・ギイを知ったのは、そんなカフェでのことだ。

「フランス語をお話しになるようですな」

「書店を経営しているエミール・ギイです」

「ああ、あれはあなたのお店でしたか」

一八三七年、エミールはスイス国境沿いの村で生まれた。十二歳で父親を失ってからポヨに出会うまでのエミールの消息は分かっていない。おそらく一九四九年にカリフォルニアに向かった船の一つに乗り込み、アメリカ大陸を放浪の末、ヴァルパライソに流れ着いたと思われる。

勤勉な苦労人は、やがて書店を経営するようになる。店は繁盛し、支店を出すまでになった。

南米にやって来たヨーロッパ人の関心の的は、遠く離れた故郷の出来事だ。信頼できる情報手段が限られていた当時、書店の役割は、現在とは比べ物にならないほど大きかった。文字を読む者はみな、エミールの店で出版物を求め、むさぼるように情報を得た。

書店経営は印刷物を販売するだけではない。編集、出版、印刷、販売、資金調達やマーケティングを含む総合的な情報伝達ビジネスだった。

一方のルイ・ポヨは、石鹸工場を経営し、すでに豊かな生活を手に入れていた。

「あなたの工場の石鹸は香りが高く、フランス産に負けないのに安価だと評判ですね」

「こちらに来て十五年、苦労して何とか軌道に乗りました」

真面目な好青年エミールを、姉の娘の結婚相手にとルイ・ポヨは思いついた。

ルイにとって、親族との絆は故郷を離れるほどに大切なものだった。

「ご覧ください。フランスを発つ時に赤ん坊だった姪です。こんなに成長しました」

清楚な娘の写真だった。のちにアリスの母となるマリ・オベールだ。

「きれいな娘さんですね」

「近々里帰りします。一緒に来ませんか?」

「ご一緒させていただきましょう」

パリには商用もある。親族がいないも同然のエミールは、ポヨ夫妻とともに船に乗った。

マリは寄宿制女子修道院にいた。当時のフランス女子の教育施設はカトリックの修道院に限られる。もちろんブルジョワの娘だけの特権だ。

ブルジョワとは貴族社会の中の成り上がり者。もともとは銀行家や商人、工業家などの富裕層を指した。マルクス主義のプロレタリアートとの対比をイメージしがちだが、十九世紀後期フランスでは必ずしもそうではない。ブルジョワであるか否かの決め手となるのは、社会的役割や財産の実態というよりは、当事者の価値観や意識によるものだった。ブルジョワを自覚する者は、目に見える形でそれを表現する必要があった。つまり、服装や生活スタイルをブルジョワにすることが求められたのだ。

そのブルジョワ女性の進路は結婚に限られた。家父長制の性別分業を基盤とする社会で女性が生きる道だった。

修道女になるのでなければ、修道院の生徒はみないずれ結婚することになっている。

閉鎖的な空間、修道院では外の世界と接する機会はめったにない。このため、閉鎖的空間で育った娘たちの中には、結婚後の現実生活にうまく適応できないことが多かった。卒業して世の中を見た娘たちは現実に幻滅しがちだった。『ボヴァリー夫人』の主人公エンマを、フローベルは修道院を自分の意思で飛び出した女性として描いた。

のちにアリスの母となる十六歳のマリは、エミールとの結婚を抵抗なく受け入れた。エミールに異存はない。

「チリは遠い南の国ですね」とマリは言う。

「ヴァルパライソは美しい町です。きっとあなたも気に入ることでしょう」

式を挙げたエミールとマリは、ほどなくヴァルパライソに向かう船上の人となった。

南北四千キロメートルにおよぶ細長い国、チリへの船旅は七週間を要した。言葉も習慣も異なる未知の国への旅は、マリにとっては戒律の厳しい修道院の日々からの解放でもあった。

事業は順調、家庭を持つことができた。エミールは自分の幸福をかみしめた。

「少女のようなこの妻を自分が一生守ってゆくのだ」と心に誓った。

マリが五人目の子、アリスをみごもったのはそれから十年後のことになる。

「この子はフランスで産もうと思います」

「どうしてだね？　四人の子供たちは皆ここで生まれたではないか」

「この子はフランス人としてフランスで産みたいの。十年ぶりに母にも会いたいのです」

その通りかもしれない。納得できるような、できないような理由だったが、春から夏にかけては船旅に好都合な時でもあった。

「君がそう望むなら」とエミールは答えた。

となると、身重の妻を一人で行かせるわけには行かない。

設備が整った客船の時代は二十世紀になってからのことだ。大西洋を渡るために、時には貨物船を利用する場合さえあった。電灯も冷凍庫もない船旅には、あらゆる必需品を持参する必要がある。

「わたしも一緒に行こう」

一八七三年、マリがフランスに着いて数週間後の七月にアリスは無事生まれた。

エミールは、まもなくヴァルパライソに戻って行った。多忙な事業をそれ以上放っておくわけにはゆかなかった。

「何てかわいいのかしら」

出産後の女性の満ち足りた幸福感を何に例えることができようか。

新生児は黒っぽい瞳をきらきらさせている。どこかエキゾチックな面ざし、エミールの金髪と青い眼を受け継いでいない。

実はアリスをフランスで産むことにこだわったのには理由があった。

アリスの父親はエミールではなく、チリの現地男性だったらしい。

「家族は皆承知していました」アリスの孫娘レジーヌ・ブラシェ＝ボルトンは言う。

晩年のインタヴューで、アリスはこのことを問われたことがある。

その時、アリスは肩をすくめて笑みを浮かべた。

「私はアリス・ギイ＝ブラシェ。それが何か？」とでも言いたげに。

周知のことではあれ、ことの詳細はアリス自身も知らなかった。そして、その謎めいた出生にこだわる様子は毛頭なかった。

ヴァルパライソの太陽

アリスが生まれて数週間後、母マリもヴァルパライソに戻って行った。

「アリスはしばらく私が世話をしましょう。あなたはひとまずお帰りなさい」

新生児の死亡率が高かった当時、長旅は避けるに越したことはない。

こうしてアリスは、フランス国境近くに住むスイスの祖母の元で育てられた。カルージュというのどかな町だった
マリは事業家として成功した男の妻、裕福なブルジョワ夫人だった。ブルジョワの妻の役割は、家庭を整えて社交をこなすことにある。子供たちと使用人が大人数起居するギイ家の主婦としての仕事はもとより、社交行事や慈善活動に日々忙しかった。

ブルジョワ夫人たちは、子育ては乳母や子守りに託し、育児よりも社交行事を優先したという。

マリが迎えに来た時、アリスは三歳になっていた。

「一緒にチリに帰りましょうね、リリ」

母はアリスを愛称で呼んだが、アリスにとってマリは見知らぬ女の人にすぎない。祖母との別れに身も世もなく泣き叫んだ。

しかし生来の個性が生涯初の試練に役立った。好奇心が不幸を忘れさせた。アリスは船旅の魅力に心を奪われたのだ。

大きな積荷に天を衝くマスト、船客の間で飛び交う各種の言語。洋上をのぼる大きな太陽と果てしなく伸びる地平線、遠くの陸地に聳える岩山、氷山……見るもの全てが神秘的で、触れるもの全てが新鮮だった。

別れの悲しみは大海の泡と消えた。

「ごらん。あんなに大きいお日さまを見たことがあるかい?」

「お嬢ちゃん、ほらあそこにサメがいるよ」

「搾りたてのミルクを飲ませてあげよう」家畜も共の船旅なのだ。

船上でたった一人の子供、可愛い盛りのアリスは船客たちの慰めともなった。時間を持て余す彼ら誰もが幼児の相手を買って出た。

マゼラン海峡に差しかかると巨大な氷が現れる。船が氷山の間を進むと、太陽の光を浴びた氷であたりが七色に輝いた。おとぎ話さながらの世界を船は進んだ。

ヴァルパライソに入港すると、出迎えにきた紳士がいた。船長が道中の様子を伝える。

「奥様は船酔いでまことにお気の毒でした。それに比べてお嬢様は元気そのもの」

髭をたくわえた長身の紳士がそこにいる。アリスにとっては初めて会う父だった。

「かわいそうなマリ、ずいぶん疲れたことだろう」

父親は母親をしっかりと抱きしめ、何度もキスしている。

「この子はきみに似ているね。アリス、会うのは二度目なんだよ」

父はアリスをしっかりと抱きしめた。


「太陽の光に満ちあふれた、陽気で幸せな日々」

それからの数年を、アリスは後にこう綴る。

父の事業は多忙を極め、母は社交や慈善活動に忙しかったため、アリスが両親と顔を合わせる時間はあまりなかった。

代わってアリスの世話をしたのがコンチータという若くて陽気な使用人だ。小さなアリスはどこへゆくにも彼女と一緒だった。洗濯場にも台所にも付いてゆき、起きるのも眠るのも一緒だった。

日曜日には教会のミサへ出かけた。

「お嬢様、今日はみんなでお昼を食べましょう」

日曜日の午下り、コンチータの仲間が集まって、海が見える崖の上でおしゃべりし、歌って踊って時を過ごした。

陽気で話好き、大らかな南米人の特質がそうさせたのか、文字通り、歌うような生活をアリスは送った。

植物が太陽の光を浴びて成長するように、アリスはのびのびと育つ。

チリの公用語はスペイン語だ。コンチータやその仲間たちと過ごすうち、アリスは母語のフランス語ではなく、スペイン語を話すようになっていた。

修道院

それはある朝突然のことだった。

「お嬢様、馬車が来ました」コンチータがエプロンの端を目にあてている。

小さなアリスには事態が呑み込めない。

〈泣いてるの?〉

「私のリリ、しばらくの間お別れね」

ママはアリスを抱きしめて、キスを繰り返す。

〈どうして?〉

パパはすでに馬車の中で待っていた。

〈なぜ?〉

スペイン語しか話さなくなったことが原因ではないはずだが、アリスは修道院に行くことになった。ヴァルパライソを去る日がやってきたのだ。

ギイ家の娘たちは六歳になるとイエズス会系の修道院で教育を受けた。中流家庭の女子にとっては当時最良の教育機関だった。アリスも姉達と同じくスイスの聖心会修道院に入ることになったのだ。

それにしても、唐突で悲しい別れだった。

アリスは父に連れられて、ヴァルパライソからフランス、ボルドーへの航路をたどった。一緒にいる父は旅の間じゅう沈んでいる。気分がすぐれないのか、ろくに話もしない。

ボルドーの宿に落ち着くと、父は琥珀色の液体を口にした。ブランデーだろうか。旅の疲れと悲しみのせいで、父はまるで色彩のない影だった。

〈私はみんなと別れてとても悲しい。でもパパは家に帰ればみんなに会える。何がそんなに悲しいの〉

「パパ」とアリスは呼びかけてみた。

「ああ」

その時、父のうつろな瞳から大粒の涙がこぼれ落ちた。

その光景をアリスは生涯忘れることができなかった。

あの時のマリの言葉がエミールの世界を変えたのだった。

「アリスはあなたの子どもではないの」

エミールの思考が停止した。

視線が宙を泳いだまま、どれほど時間が経っただろうか。

傾きかけていた夕陽が沈み、あたりがすっかり暗くなり、冷気がゆるやかに押し寄せてきても、エミールは動かなかった。

「アリスはあなたの子どもではない」

確かにマリはそう言った。その意味がエミールにはどうしても分からない。妻は何を言っているのか。


その男とは、マリは言葉を交わしたこともなかった。視線を交わすことはあっても。

ギイ家の敷地は広大だ。果樹園で働く人夫たちを監督していたのがその男だ。

敷地内で行き交った時、振り向きざまに視線が絡み合った。

浅黒くがっしりした体躯、原住民マプチェ族の出身だろう。まるで怒っているかのように黒い瞳が険しく光っていた。神に与えられたこの大地を、理不尽に支配するヨーロッパ人への感情だろうか。力が宿っている。

同じように視線が絡むことが何回かあったのち、抗えないことをマリは悟った。

理屈では説明できない。一度きりのことだった。

不思議なことに、悩みや苦しみは生まれなかった。全て天の采配とマリは理解する。

「アリスも大きくなった。日に焼けてスペイン語を話す様子はまるでマプチェだ。来年は修道院だね」とエミールが言った時、マリはとっさに答えた。

「あなたにお伝えしなければいけないことがあるの」

青天の霹靂だった。

たった一人で新天地を放浪し、若くして事業に打ち込み、マリに出会った。

五人の子供を得た自分の幸福を信じていた。それがエミールの全てだった。

打ちのめされたエミールは、もはやマリと共に暮らすことはできないと思った。

こうして、アリスの修道院生活が突然始まったのだった。


ヴァルパライソから修道院への移動は、太陽から闇夜への変化に等しかった。

「夜の鳥の巣に入ったかのよう」とアリスは回想録に綴っている。

修道院は祖母の家に近いスイスの町ヴィリーにあった。

しかし、アルプスの美しい景色とはうらはらに、修道院生活は厳しく暗かった。

学習も生活も厳しく管理され、時間割は宗教儀式とともに一分も狂うことなく実行される。生徒たちは礼儀正しく慎ましい行動を求められ、些細な失敗や罪には厳しい罰が待っていた。

「おしゃべりしてはいけません」

「針仕事の時間に遅れましたね。日が暮れるまで廊下でひざまずいていなさい」

針仕事は女性の嗜みとして重要な科目だった。少女たちに無為な時間を過ごさせない、言い換えれば自由時間を与えないための手段であり、万一の場合は生活の糧にもなると考えられた。家庭が没落して経済的に困ったブルジョワも多くいたのだ。

罰を言い渡されると、凍りつく廊下で何時間も同じ姿勢でいなければならない。

現代の価値観ではまったく非人間的な規律だった。

だが、女子修道院教育がそれなりに時代に応じた女子教育を目指していたことも事実だ。幅広い知識の習得や思考力の養成を真摯に目指した。

アリスの母マリの世代では、信仰深い良妻賢母を目指すのみの修道院だったが、アリスの時代には、社会参加をめざす女性の育成を視野に入れていた。

「社会のどこにいても恥ずかしくない女性になるのです」

厳格な尼僧たち自身が中上流階級の出身だ。少女たちをしっかりした女性に育てようと懸命であり、それゆえの厳しさだった。

伸びやかなヴァルパライソの日々から、厳格な修道生活へ。打って変わった変化の中で、アリスは知性と教養を吸収していった。太陽をたっぷり浴びた植物がたわわな実りをつける過程だった。

いつしかアリスはスペイン語を忘れていた。

パリへ

アリスが修道院にいたころ、ギイ家に次々と災難が降りかかった。

チリではたびたび地震が起きる。地震のあとの混乱に乗じて、エミールのオフィスが荒らされ、金品や書類が盗まれた。続いて火災が起き、書籍の多くが焼け落ちてしまった。出版業にとっては致命的な損害だ。不況が追い打ちをかけ、エミールは破産してしまう。

悪いことはそれだけではなかった。

ギイ家のたった一人の男子、アリスの兄が亡くなったのだ。

マリの告白に傷つき、別居生活を送っていたエミールにとって、息子の将来がかすかな希望だった。もともと病弱な子供だったが、健康な身体に成長することはなかった。

長男の死がエミールには決定的になる。死因に「心痛」というものがあるとすれば、エミールの場合がそうだった。長男亡きあと、生きる気力を失ったエミールは、五十一歳でこの世を去った。

別居していた妻と四人の娘は、財産を失ったうえ一家の男を失った。家族の男を失うことは社会の居場所を失うに等しい。

ブルジョワ暮らしは過去のもの、女たちは生活の糧を見つけねばならない。

上の姉ジュリアは教師を目指して師範学校へ進み、下の姉アンリエットとマルゲリータは縁を得て結婚する。

「あなたはリセを終えなければならないわ。一緒にパリで暮らしましょう」

母とアリスの二人の生活が始まり、働いた経験のない母が働き始めた。

父方母方双方の知り合いが親切にしてくれた。長年慈善活動に関わっていた経験を見込まれて、マリは新たにできた繊維会社の共済会の責任者に推薦された。子供のいる女性の労働環境を助けるものだった。アリスはマリの仕事について行って、労働者、母子家庭の貧困を目の当たりにした。ただ、マリの奉仕の精神と共済会の方針は相容れなかった。何事をも受け入れはするが、いったん疑問を感じるとマリに妥協はない。共済会での仕事は長くは続かず、その後は裁縫などで細々と暮らしてゆくことになる。

十七歳になった時、アリスはある人物の勧めで速記タイプの訓練学校へ行くことになった。老年のこの男性がアリスの初恋の相手だとされ、それが晩年のギュスタフ・エッフェルだったとする説がある。真偽のほどはわからない。ただ、この男性にアリスが心をときめかせたこと、家族ぐるみの親交があった事は事実らしい。

アリスは速記タイプの訓練を積んだ。タイプライターは先端技術を駆使した発明品だった。裁判所や議会など公式の機関での記録は、教育を受けた男性による重要な仕事だった。当初の記録は手書きだったが、それが速記タイプに進化しても、速記は男性に限られた仕事だ。アリスのような女性速記者はいなかった。速記に限らず、女性には専門職への門は閉ざされていた。

アリスにこの技術を習得させようというアドバイスは、先見の明ある柔軟な頭脳の持ち主しか持ち得ない。それが晩年のエッフェルだったとしても不思議ではない。

速記術を習得したアリスは、今のマレ地区にあったニス製品の会社で職を得る。母に代わってアリスが生活を支えることになった。

面接

冒頭のフォトグラフィ商会の面接に話を戻そう。

その日アリスを面接するはずだった社長、マックス・リシャールは不在だった。代わってアリスを面接したのがレオン・ゴーモン(一八六四〜一九四六)だ。

「申し分ない推薦状です。ただ、とても大切な仕事をお任せすることになるのです。あなたのように若いマドモワゼルには難しい」

一瞬、目の前が暗くなった。どうしよう。

「そうですか。でも……」

何とかしなくてはいけない。

「若いってその。ええ。その……」

「その?」

何か言わなければ。

「その……、それはきっと病気みたいなものですわ。何とかなるはずです」

ゴーモンは驚いた。感情は表に出ない。

「なるほど。ではやってみますか？」

突飛なことを言う娘に、ゴーモンは生真面目に向き合った。

「はい、やってみます」

その場で聞き書きのテストが行われた。

〈大丈夫、落ち着こう〉

アリスは自分に言い聞かせ、ゴーモンが読み上げる書類を書き取った。

結果は満足のゆくものだった。美しい手書きの文章に、ミスがない。

「いつから来れますか？」

「今日の午後からでも」

「ではそのように。ただし最終決定をするのは社長のリシャールさんだということをお忘れなく」

「ありがとうございます。ムシュ・ゴーモン」

アリスが持つ何かをゴーモンは見抜いた。

「若いお嬢さんですが、聞き取りテストは完璧でした。頭のいいマドモアゼルです」

「では早速、速記タイプライターを手配しよう」

給料は百五十フラン、マレ地区の会社で受け取っていた額から大幅に増えた。

「これで家賃の心配がなくなったわ」

その晩アリスは母にそう伝えた。

アリスがレオン・ゴーモンに会ったのは、この面接が初めてではなかった。広い額、書類に目を落とす横顔に見覚えがある。そういえば、あの人だ。速記学校に通っていたころ、母娘はリュクサンブール公園近くに住んでいた。アパートの中庭や小路を隔てて隣近所の窓が向き合う下町だ。住人たちが窓越しに言葉を交わして、時には大声で怒鳴り合う光景も見られた。

暗くなって灯りがつくと、決まって向こうの窓辺に座っている男性がいた。書物を広げて考え込んでいる。明かりは毎晩遅くまで消えることがなかった。

「今日も遅くまで。何を勉強なさっているのかしら」

「カルパンティエさんのアトリエにいらっしゃる、と聞いたわ」

「ソルボンヌ通りのカルパンティエさん？　じゃあきっと機械の勉強ね」

ジュール・カルパンティエ（一八五一〜一九二一）は通信・光学機器の設計者として知られていた。彼のアトリエには精鋭の技術者が集まり、科学と職人技が行き交う切磋琢磨の場となっていた。

この数年後、このアトリエでリュミエール兄弟のシネマトグラフが開発される。ゴーモンは、当時そのカルパンティエのアトリエで働いていた。

レオン・ゴーモンはパリのつましい家庭の出だ。エッセンシャル・ワーカーの共働き家庭といっ

ゴーモン社のロゴ（上が現在、左が初期）

たところか。父オーギュストは屋敷付きの馭者、母マルガリータは同じ館のメイドだった。ゴーモン社の社標には、現在もマーガレットの図案があしらわれている。これは創業者レオン・ゴーモンの、母マルガリータへの賛辞にほかならない。

「息子には教育をつけてやりたい」優秀なレオンが六歳になると、父は彼を寄宿学校に入れた。

「努力すれば必ず道は開ける」と息子を激励した。

十二歳になるとカルチェ・ラタンの名門中学、コレージュ・サン＝バルブに進学する。十五世紀にできたフランス最古のコレージュだ。御者の息子が名門コレージュで学ぶことは普通あり得ない。それができたのは、両親の雇い主ボーモン伯爵夫人が援助したからだ。優秀なレオンはここで数学、物理の才能を見せ、高等教育への進学が期待された。

「おまえの成績ならば進学できる。大学に行くのだ」

息子の学費のために、父は事業を起こしたが、一念発起は失敗に終わり、借金だけが残った。やむなく十六歳で働き始めた。進学は諦めたが、勉学をあきらめたわけではない。

専門知識を身につけるために、レオンはアンスティテュ・デュ・プログレ(Institut du progrès)に通い始める。天文台を作ったレオン・ジョベール(一八二九〜一八九八)がパレ・デュ・トロカデロに開いた研究所兼教育施設だった。

天体望遠鏡は当時の技術の粋、若くて優秀な人材を育てようと、篤志家に呼びかけて研修所を作った。講義を行うのは各分野の専門家たち、所長となったのはスエズ運河で知られるフェルディナン・ド・レセップスだった。

若き日のレオン・ゴーモン

二十一世紀の先端技術分野がITやバイオテクノロジー、宇宙物理学だとすれば、十九世紀末のそれは光学機器、精密機器だった。具体的には写真や望遠鏡が花形だった。

ゴーモンは、昼間はカルパンティのアトリエで働き、仕事が終わるとジョベールの講義を受け、アパートに帰ると書物に向かった。

アリスが見かけたのは、その頃のゴーモンの姿だった。生真面目で謹厳実直。面白みのない生活に見えても、ゴーモンには充実した日々だった。

「リシャールさんの店に行ってきてくれないか」

カルパンティエの使いでゴーモンはマックス・リシャールの店に行った。

「フォトジュメルの件ですね」

フォトジュメルとは、カルパンティエが考案した最新式カメラで、リシャールの店が取り扱っていた。写真技術は日々新たなものが生まれていた。

「うちの店で働いてくれないか」

ゴーモンはカルパンティエの徒弟から、フォトグラフィ商会の従業員になった。

アリスが秘書として加わったのはそれから間もなくのことだった。

第二章　アリス映画を作る

フォトグラフィ商会

オペラ通りに面した部屋にアリスの席が用意された。

用があると呼び鈴が鳴り、ゴーモンの部屋へ駆けつける仕組みになっている。

「ご用は何でしょうか？　ムシュ・ゴーモン」

「ヴァロ博士がいらっしゃる。実験結果をお見せして。それから、これから行う会議の記録を作ってください」

「わかりました」

デスクからは、通りを行き交う人々や馬車が見える。アリスはじっと座って見ている事などできない。

「ルノーさんご注文の部品リストを用意しました。この通りです」

「撮影の準備ができています。いつでもお使いください」

「ストックを点検してきます」

進んで仕事を見つけるので、終わりがなかった。やがてアリスのデスクはゴーモンがいる役員室の中へ移され、来客たちと顔を合わせるようになった。

「おや、この会社にはマドモアゼルがいらっしゃるのですな」

役員会議に若い女性が同席するのは珍しい。

「アリス・ギイです。速記タイプをさせていただきます」

「ほう、マドモワゼルが速記タイプを?」

先に述べたように、アリスのような女性タイプ速記者は他にいなかった。

当時のフランスは精密機器の技術先進国だ。そのトップクラスの会社で働く有能な秘書、それがアリスだった。

ゴーモン社誕生

アリスの入社に前後して会社を揺るがす事態が起きていた。会社が売却の瀬戸際にあったのだ。

経営者マックス・リシャールには兄ジュールがいた。彼もまた技術者で発明家だった。気圧測定器の特許技術を生かし、父から継いだ会社を兄弟で経営していた。ところが、人付き合いが苦手な技術者タイプの兄と言葉巧みに要領よく立ち回る弟のマックスとでは、性格が正反対だった。性格の違いは、プラスに働けば成果を生むのだが、悪くすると争いの種にしかならない。

互いに補うべきところが、この兄弟の場合は全て裏目に出てしまった。

「わたしに相談なく、お前は何でも勝手に決めてしまう」

「兄さんのように愚図愚図していたら、他に出し抜かれる。今は競争の時代なんだ」

「わたしの慎重な経営があったから、今があるのだ」

「利益が出なければ何もならない」

「利益ばかり追って、倫理はないのか！」

ついに兄弟はたもとを分かつことになった。経営権は全て兄ジュールに、弟マックスは相応の代価を得るという取り決めだった。

その後間もなくマックスはフォトジュメルを知る。カルパンティエが開発した最新式カメラ、フォトジュメルは、間違いなくビジネスチャンスだった。

「このチャンスを逃す手はない」

利にさといマックスは、兄に相談なくフォトジュメルの販売を始める。これがオペラ通りのフォトグラフィ商会だった。リシャール兄弟が話し合い、協力して共に利益を得る道もあったはずだ。

しかし、独断的な弟を兄は許せなかった。

「取り決めを守れないとは何ということだ」

兄は弟を訴えた。マックスは敗訴し、裁判所命令によって商売から退かざるを得なくなった。

会社を継続するには、融資者を見つけなくてはいけない。

「買い取ってくれないか」というマックスの申し出に、ゴーモンは頭を抱えた。

それほどの資金があれば苦労はない。

「どうすればいいのだろう」

まだ経営経験のないゴーモンだった。成り行きによっては、アリスもゴーモンも職を失う。

「クライアントの皆さんに相談してみるべきですわ。会社がなくなれば、困るのは私たちだけではありません。きっと助けてくださるはずです」

精密機器の開発でゴーモンを頼るクライアントが何人もいた。後年、ゴーモンの開発機器を使って偉業をなし遂げ、世の進歩に貢献する冒険家や科学者たちだった。

一八九五年八月、フォトグラフィ商会は「ゴーモン社」に生まれ変わった。資金繰りで大きく寄与したのはエッフェル塔で知られるギュスタフ・エッフェルに他ならない。パナマ運河汚職事件で名誉を傷つけられたエッフェルは、事件を機に公式には引退していたが、エッフェル塔などの建造物と風力との関係を追求するなど、気象学や空気力学の研究に余念がなく、ゴーモンとの関係は深かった。

エッフェルを筆頭とする役員のうち、最も若く、会社の実務を取り仕切るレオン・ゴーモンが代表者となった。

ゴーモン社に来た人たち

フランスのエンジニアたちは、高度な技術を競っていた。新しい機器の完成が次の次元の機器開発へと続く。精密な計測機器ができたことによって探検家は極地を目指せるようになった。空を飛ぶという人間の夢も現実に近づいた。アメリカのライト兄弟と同時期に、ヨーロッパにはアルベルト・サントス＝デュモンがいたが、彼の初飛行をゴーモン社が撮影している。

最新機器を必要とするさまざまな人物がゴーモンの店を訪れた。気象局所長、気体液化に成功した物理学者、血清開発を行う科学者たちが実験や測定器具を求めてやってきた。科学者たちの要望に応えるためにゴーモンは開発に勤しみ、計測、実験を繰り返し、写真撮影を行った。顧客は科学者にとどまらない。自動車会社の創設者ルノー、オペラ座舞台美術家ジャンボン、作家、政治家、貴族もゴーモン社を訪れた。

ドレフィス事件で勇気ある言論を公開していた作家エミール・ゾラは、晩年写真撮影を趣味としていて、この頃やはりゴーモン社を訪れている。ゾラの小説描写は映画のカメラ技法を先取りしている、との指摘があるように、作家が小説で目指したのは現実の姿を描くことだ。作家の眼が、真実を記録するカメラレンズに向かったのは当然のことだったのかもしれない。

「あいにくムシュ・ゴーモンは外出中です。ここでお待ちになりますか」

「そうですか、では少し待たせていただきましょう」

訪問者は人を逸らさないアリスと親しくなり、話し込んだ。その後長く親交が続いた人たちもいる。ゴーモン社の顧客リストは、当時のパリの科学者や文化人のリストでもあった。

リュミエール兄弟

ゴーモン社を訪れる人たちの中にリュミエール兄弟がいた。

父親アントワーヌは、息子たちに専門教育を受けさせた。

「学問を身につけて、私の会社を継ぐのだ」

ブルジョワの地位を維持するためには、専門教育を受けるのが早道だ。ゴーモンの父親と同じく、リュミエール兄弟の父親もまた、息子たちに学問を身につけさせたいと考えた。

アントワーヌ自身は十四歳で両親を失った。絵を描くことが好きだった彼は絵画を学び、兵役を経て写真家ガスパール＝フェリックス（一八二〇～一九一〇）の見習いに入った。ガスパール＝フェリックスは通称ナダール、当時、印象派の画家たちとも親交のあった写真家だ。

写真が発明される以前、上・中流階級の人たちは画家に肖像画を描かせた。それはステイタスの証しでもあった。写真の時代に入ると肖像画は肖像写真へと変わる。時代の変化に従って、アントワーヌも肖像写真で生計を立てようとした。

画家としての審美眼が役立ったのか、アントワーヌの写真は芸術的だと好評だった。リヨンにアトリエを設けると、またたくまに顧客が集まった。古くからの絹織物の集散地リヨンは、商人たちが行き来する街であり、顧客の多くは富裕な商人だった。

「ご自分でお撮りになりませんか。私がお教えしましょう」

アントワーヌが指導するうち、写真は顧客たちの趣味となってゆく。するとアントワーヌは、顧客に向けて写真機材や感光版を売り始めた。

「ルイ、お前が考案した感光版は感度が良い。専門教育を受けさせた甲斐があった」

オーギュストとルイが家業に加わり、ルイが考案した感光版「エチケット・ブルー」が好評で、一家は財を成していた。二人の兄弟のうち、兄オーギュストは穏やかで寛容、弟ルイは緻密な技術者肌だ。

父の商売を受け継いだ点、兄弟の個性が違う点は、リシャール兄弟と同じだ。決定的な違いは、リュミエール兄弟の場合、個性の違いがプラスに働いた点だろう。父アントワーヌの経営センスをベースに、ファミリー・ビジネスは順調だった。


「注文の部品はこれで全部ですか」

リュミエール兄弟は、感光版の注文を得るためにゴーモンの店にやって来た。

「もう一度チェックします。しばらくお待ちください」

アリスが応対した。

弟ルイはゴーモンと同年齢、技術者同士、二人で話し込むことがしばしばある。

ある日、ルイがゴーモンに言った。

「産業振興会の会合があるんだ。是非来てくれたまえ。サプライズがある」

「サプライズとは何だね？」

「今は言えないが、来ればわかるさ」

いつもおだやかで礼儀正しい紳士たちが、含みのある言い方をする。

好奇心あふれる眼差しでこれを見ていたアリスに、兄のオーギュストが言った。

「マドモワゼル、あなたもいらっしゃいませんか」

「もちろん、喜んで参りますわ」

こうしてアリスは、ゴーモンとともにサンジェルマン・デ・プレの会場に出かけた。

一八九五年三月、集まったのは写真技術者や専門家を含むこの分野の関係者たちだった。

会場前方の壁に大きな白い布。のちに「スクリーン」と呼ばれるようになる白い布がかけられ、それに向けて機械が据えられている。新技術のプレゼンテーションらしいが、何が起こるかと人々は落ち着かない。

振興会の議事が終わると部屋が暗くなった。前方にかけられた白い布に照明が当たり、映像が映し出された。リヨンにあるリュミエールの工場の門の風景で、後に『工場の出口』として知られる映像だ。工場の仕事を終えた人々が、次々と工場から出てきては右に左に去ってゆく。スクリーンの上で、光の中で、女性たちが動いていた。まるで生きているかのようだ。

会場にいるのは技術者や識者たち、ほとんどがエジソンのキネトスコープをすでに見ている。動く映像自体はそれほど珍しいものではなかった。

しかし、これは別物だ。スクリーンに映し出された大きな像。パリ中の写真技術者たちが考え、そして試みていたことを、リュミエール兄弟がやってのけた瞬間だった。大きな布に映る人間の動きはなめらかで、現実そのもののように見えたのだ。

「これは……」アリスは言葉を失った。

「ルイの快挙だ」とゴーモン。

シネマトグラフ『工場の出口』

リュミエールがやり遂げた。心中おだやかではない。しかし同じ技術者として喜ばしいことではないか。

「ムシュ・ゴーモンが開発なさっている映像の方が大きいではありませんか」

アリスは動く画像の実験をゴーモンのアトリエですでに目にしていた。

「これはこれ。バイオグラフはバイオグラフだ」バイオグラフとはゴーモンが開発した機器の名前だ。

この日アリスたちが見たリュミエールの映像は、その年の十二月二十八日、パリのキャプシーヌ街のグラン・カフェで一般に公開された。これが世界初の映画とされる。アリスがその映像を見たのはその九カ月前、映画の誕生に立ち会っていたことになる。

ドムニーの功績

ゴーモンが開発中のカメラ、バイオグラフは、ジョルジョ・ドムニー(一八五〇〜一九一七)が持ち込んだものだった。

科学者ドムニーは、師エチエンヌ・マレー(一八三〇〜一九〇四)との共同研究をもとに、動物や人体の動きを記録する連続写真装置を作って特許を得ていた。フォノスコープという。鳥が飛び立つ動作を一コマずつ写真に撮る。数十枚の写真を順番に続けて見ると、鳥が動いて見えて、その動体メカニズムが解明できる。これは飛行技術の開発にもつながった。フォノスコープの限りない可能性を、この時ドムニーは確信した。

ただ、写真を連続して見るためには、何十枚ものフィルムを連続映写しなくてはいけない。ドムニーはフィルム一枚ずつの両脇に一定の間隔で穴(パーフォレーション)を開けてカムに引っ掛けた。引っ掛けた状態でフィルムを回すと、一定の速さが保たれ、画像が連続するように見える。この装置を彼は一八九四年に完成した。

ドムニーはルイ・リュミエールにこの装置を見せた。

「これを世に出したいのです。協力していただけませんか」

「やはり送り穴がポイントですね」とルイは答えた。共同開発の提案にイエスともノーとも答えなかった。サンジェルマン・デ・プレでのシネマトグラフのプレゼンテーションの前年のことだ。

このことから、リュミエール兄弟のシネマトグラフは、ドムニーの装置をヒントにしたものだという意見がある。あるいはリュミエール兄弟のシネマトグラフは、ドムニーのアイデアを「盗んだ」と言う者すらいる。真実がなんであれ、映画の発明におけるドムニーの功績がもっと認められてもいいかもしれない。

リュミエールの協力を得られなかったドムニーは、これをゴーモンに持ち込んだ。

「何とか商品化できないでしょうか」

「やってみましょう」

ドムニーの依頼に応じて改良を進め、ゴーモンが「バイオグラフ」を発表したのは、リュミエール兄弟のシネマトグラフ公開の翌週のことだ。

ジョルジョ・ドムニー

リュミエールのシネマトグラフ公開について、アリス・ギイは次のように述べている。
「ゴーモンのバイオグラフはシネマトグラフよりも遥かに先を行っていた。ただ不運なことに、フィルムサイズが六〇ミリだった。そのため、のちにサイズ変更をすることになり、結果的に遅れをとってしまった。」
一八九七年には三五ミリのフィルムが市場の主力とな

った。

世界で初めて映画を作ったのは誰か、を追求しても意味がない。エジソンのキネトスコープやリュミエールのシネマトグラフの発表に先行する一八八八年、ルイ・ル・プランスは、イギリスのリーズで動く映像を記録した。アメリカでのデモンストレーションを目前に、プランスは謎の死を遂げており、これにエジソン関与の疑惑をとなえる者もいる。

当時の写真技師、科学者、発明家、事業家、さまざまな人物が、それぞれの思惑と要因から「動く画像」の技術開発に関わった。その過程であまたの発明が生まれた。それらは時には交差し重なった。そんな混沌状態から映画は誕生した。

シネマトグラフ

一八九五年十二月二十八日。グラン・カフェのインドの間に観客が集まり、シネマトグラフの映像が公開された。映画史上初のスクリーン公開とされる。三十五人の観客は腰を抜かさんばかりに驚いた。ただただスクリーンを見つめる人、ポカンと口を開けている人もいる。

中でも『列車の到着』が逸話を生んだ。南仏シオタ駅のホームに煙を吐いた列車が到着しようとしている。スクリーン上で近づいてくる列車は、現実のように真に迫っていた。

「危ないっ！」観客たちは、後退りした。

「何だ、これは」

「いやはや、驚いた」

もう一度見ようという人が続出した。新聞が報道し、噂が噂を呼ぶ。

「もう見ましたか、キャプシーヌ街のあれを？」

パリ中の好奇心がグラン・カフェに吸い寄せられた。観客は連日二千人に上った。当時としては一大事件だ。群衆が路上に溢れ、警官が出る騒ぎとなった。シネマトグラフは大成功をおさめた。

しかし、入場料で収益を得ることが、企画者アントワーヌ・リュミエールの目的ではない。エジソンのキネトスコープを見た時、アントワーヌはひらめいた。早速息子たちに自分の考えを伝えると、兄弟は父の意向通り「動く写真」の開発に勤しんだ。

アントワーヌは当初、シネマトグラフを個人用の録画機と位置づけた。日常の情景を記録できるカメラ。言うならば家庭用ビデオカメラの原型だ。アマチュア写真家にカメラや感光版を売って成功したアントワーヌは、動画撮影用カメラを富裕層に普及させることを思い描いたのではないだろうか。撮影と映写の両機能を持つこの装置が、やがて世界中を駆けめぐるようになることを、そしてこれが産業として成長を遂げ、世界を目まぐるしく変えるものの始まりであったことを、この時誰が予想しただろうか。

アリスがグラン・カフェに足を運ぶことはなかった。スイスの祖母が亡くなったのだ。厳しい修道院生活の年月、休暇で訪れる祖母の家がアリスにとってはオアシスだった。休暇にアリスの姉妹が集まり、病気の時は祖母と安心して過ごすことができた。祖母が作るフロマージュ・ブランのやさしい味、ぱちぱち燃える暖炉のそばで聞かせてくれたスイスの伝説。甘やかしてくれる優しい存在だった。祖母の死で子供時代が遠のいた気がする。

祖母を弔って母とともにパリに戻ってきたアリスの胸中には、ある計画があった。

ジョルジュ・メリエス

グラン・カフェでシネマトグラフを見た観客の一人にジョルジュ・メリエス(一八六一～一九三八)がいた。

ロベール・ウーダン劇場のオーナー、メリエスは裕福な靴屋の三男だったが、兄たちと靴屋を継ぐという順当な道を歩むにはあまりに芸術的文化的才能にあふれていた。奇術師としてすでに知られ、このころは劇場の出し物に創意工夫を続けていた。

「ぜひとも私の舞台で使いたい。一台譲っていただきたいのですが」

メリエスは旧知のアントワーヌに掛け合った。

「興行用に作ったものではないのです」

アントワーヌはやんわり断った。

メリエスだけではなく、グレヴァン博物館、パリを代表するミュージックホールであるフォーリー・ベルジェールからも引き合いがあり、交渉するまでもなくシネマトグラフの受注価格がつり上がっていた。グラン・カフェでの上映のあと、最終的にリュミエールはシネマトグラフ二千台を受注したという。

シネマトグラフを手に入れることができなかったメリエスは、ロンドンの光学機器製作者ロバート・ウィリアム・ポールから別の機器を手に入れて手を加え、キネトグラフと名付けた。シネマトグラフと同じ、撮影と映写の両方ができる機器だった。これに使ったイーストマンのフィルムにもメリエスは手を加えたと言われる。送り穴による画像連続の工夫を自分で施した。手先が器用なメリエスにとって、このくらいのことはお手のものだった。これがグラン・カフェのシネマトグラフ公開の翌年一八九六年初夏のことだった。

第一作目はリュミエールの『カード遊び』を真似たものだった。自分の家の庭のテーブルで友人や兄とトランプをするという、半ば即興のシナリオを演じ、助手に撮影させた。カメラのクランクを回す速度とリズムが難しかったという。

晩年のジョルジュ・メリエス

その後メリエスは、特殊撮影やトリックを使った技法を次々と編み出し、翌一八九七年には世界初の映画スタジオ、スターフィルムを作った。以後、一九一三年に失意のうちに劇場を閉めるまで、五三一本の作品を残した。

世界初のフィクション映画を作ったのはメリエスかアリス・ギイか。

確かなことは、アリスはメリエスのような興行師でもなく、リュミエールのような写真技師でも事業家でもなかったということだ。
アリスはゴーモン社の若い女性秘書だった。

キャベツ畑の妖精

『工場の出口』は衝撃だった。工場から三々五々出てくる女性たちは、生きているかのように見えた。あの人たちは、あれから家に帰り、家族のために食卓を整えたのだろうか。そこには夫がいて、多分子供もいるはずだ。

アリスの空想は広がる。

書店経営という父の職業柄、家には印刷物があふれていた。物語好きのアリスは本を読み漁った。修道院では本の世界をさまようことが数少ない楽しみの一つだった。

工場から帰ってゆく女たちには夫がいて子供がいる。それから……。そうだ、続きを作れないだろうか、お芝居のように。

アリスは演劇クラブに入っていたことがある。アマチュアではあれ、セリフの稽古に思わず熱が入った。

「女優になってみたい」と言うと、

「とんでもない」と母が一蹴した。

そうだ、自分で作ればいいのだ。動く写真に関わっていた技術者たちのおそらく誰も考えなかったこと、フィクション映画の発想がここに生まれた。

ゴーモンの許可を得るには勇気が要った。遊びだと思われても仕方がない。

「寸劇を作ってフィルムに撮ってみたいのです」思い切って切り出した。

「劇をフィルムに？」

「はい。あのカメラで撮影しようと思います」

ドムニーのカメラの改良版ができたばかりだった。最新式だ。

「あのカメラで」

技術者ゴーモンの関心は技術開発にある。カメラが現実生活の何を可能にするか。それが最大の関心事だった。物語や芝居には関心がない。アリスの希望を若い女性の気まぐれと思い、深く考えなかった。

男性は女性に対して礼儀正しく紳士的でなければならない。ブルジョワ社会の鉄則だ。しかしこの鉄則は女性を対等に扱うものではない。誰もが無意識のうちに従う社会意識は、女性の権利を無視することが前提の男性優位のものだ。

女性であり若かった。経験もない。これら全てがアリスに味方した。

「なるほど、そうですか。いいでしょう」とゴーモンはあっさり許可した。

「ただし一つ条件があります。仕事には差し障りがないようにすること」

「もちろんです、ムシュ・ゴーモン。ありがとうございます」

あの面接の日、漠然とした未来を思って心が踊ったのは、これだったのかもしれない。

若くて経験もない。しかし弾けるような活力がアリスにはあった。


ゴーモンの写真工房の近くにある小さな中庭を使うことができた。敷地は高い壁で仕切られているので、カメラを回すにおあつらえむきだ。

アリスはごく女性らしいものを題材に選んだ。

「赤ちゃんはどこから来るの?」という問いにフランスでは「キャベツ畑から」と答える。キャベツから生まれるのは男の子で、女の子はバラの花から生まれるという伝承だ。

そうだ、キャベツ畑で妖精が赤ちゃんを取り上げる場面にしよう。

大きな布を垂らして背景にした。

「絵を描いてあげよう」近所の扇子職人が絵を描いてくれた。

「イヴォンヌ、あなたが演じてくれる?」

イヴォンヌ・セランは、演劇を通じて知り合った友人だ。その後も長い友情は続く。

「面白そう。やってみるわ」

古着屋が多くあるサンマルタン界隈で衣装を調達した。

ボール紙に色を塗ってキャベツを作る。これをいくつも並べるとキャベツ畑が出来上がった。

「赤ちゃんを探さなきゃ。生まれて間もない赤ちゃんがいる知り合い、どなたかご存知ない？」

「ジェノアの奥さん、お産が近いはずよ」

「でも、それじゃ少し先のことになる。間に合わないわ」

「姉が世話になった産婆さんがいるわ。聞いてみる」

マニュアルもなければ予備知識もない。あるのは行動力のみ。

撮影は手さぐりだった。撮影中に赤ん坊が泣きだすと、見ていた母親があわてて飛び出して来た。

「あら、あなたもカメラに写ってしまったわ」

「まあ、どうしましょう。ごめんなさい」

「カメラがぐらぐらしてる。しっかり固定しなければいけないわね」

「とりあえず手で支えておこう」

『キャベツ畑の妖精』

朝八時にはオペラ通りの会社に出て仕事をし、昼になると乗合馬車で撮影場に駆けつけた。撮影は晴天の昼間でないと難しい。午後遅くに会社に戻り、会社の仕事を片付けた。それが時には深夜十一時までかかった。

仕事に支障がないように。ゴーモンとの約束は絶対だ。

「ああ、一日三十時間あればいいのに。私には無理なことだったのかしら」

深夜のオフィスで一人つぶやいたことがあった。

こうして、暗中模索の中で『キャベツ畑の妖精』(La Fée aux Choux)が出来上がった。

世界で初めて女性が作った映画、世界初のフィクション映画だとも言われる。

世界初のフィクション映画

ゴーモン社では、アクチュアリテと呼ばれるニュース映画をカメラマンたちが撮るようになっていた。これに対して、アリスの『キャベツ畑の妖精』は創造の産物だ。

メリエスの『カード遊び』と同様、アリスもリュミエールのシネマトグラフに想を得たフィルムを幾つも作った。作り手が違っても、同じものを題材にすると同じようなものが出来上がる。映画の再録やリメイクも頻繁に行われた。当時は著作権の概念がなく、他社の映画のアイデアをそのまま真似て同様の映画を作ることはよくあることだった。

『キャベツ畑の妖精』が世界初のフィクション映画である、と多くの専門家は口を揃えるものの、決め手になる物証がない。『キャベツ畑の妖精』の現存フィルムは一九〇〇年の製作とされる。このフィルムは一八九六年に製作されたオリジナル・フィルムのリメイク、もしくは再プリントである可能性が高い。

世界で初めてフィクション映画を作ったのは誰かについて、一九七五年のフランス文化放送の番組でアンリ・ラングロワはこう語った。(注1)

「それはもう、断然アリス・ギイだ」

ゴーモン社は一八九六年四月に、新しいカメラを発表している。アリスはこれを使って『キャベツ畑の妖精』を作った、とアリス・ギイの研究家アリソン・マクマハンは推測する。

ヴィクトール・バシーも同意見だ。バシーは、『キャベツ畑の妖精』は、一八九六年の八月か九月に六〇ミリのフィルムで撮影されたものだろうと述べる。その場合は、ロベール・ウーダン劇場で一八九六年の初夏に上映したメリエスの映画の方がアリスのものよりも少し早かったことになる。しかしそれが前述の『カード遊び』ならば、『キャベツ畑の妖精』と同様のフィクションと言えるだろうか。

『キャベツ畑の妖精』以降、アリスはどんどん映画を作るようになった。フィルムは六〇ミリから三五ミリに変わった。このため、後年再録されたかリプリントされた三五ミリの『キャベツ畑の妖精』、つまり一九〇〇年に作られたフィルムだけが残ったのではないか、とバシーは述べる。

アリス・ギイの作品数は、七〇〇とも一〇〇〇とも言われるが、実際にはもっと限定されたものであり、アリスの監督としての活動期間も信じられているよりもずっと短いものであった、という意見を展開するのがモーリス・ジャナティだ。ジャナティは、「アリス・ギイは存在したのか?」と題して、アリスが実際にフィクション映画を作ったのはかなり後のことだという論を展開してい

る。[注2]

ゴーモン社のスタジオの建築時期や場所、他の映画監督の存在、さらにゴーモン社のカタログが映画の製作年を表わすものであり、それに基づいてアリスの映画制作の時期を割り出すとそうなる、というのがその根拠だが、どうも説得力に欠ける。しかしながら『キャベツ畑の妖精』のオリジナル製作年を示す確かな証拠はなく、『キャベツ畑の妖精』以後のゴーモン社の映画で、アリス作だと示す確かな証拠もない。

しかしそれは同時代のどの映画の製作についても言えることだ。作品がアリスによるもの、と確かになるのは『キリストの生涯』(La Vie du Christ 一九〇六年)以降のことだ。

ただ、『キャベツ畑の妖精』以降、約十年間のゴーモン社のフィクション映画は全てアリスの手によるものだというのが専門家たちの一致した意見だ。

「一九〇五年秋までは、アリス・ギイがゴーモン社のただ一人の映画監督であり、ニュース映画やドキュメンタリーを除く全ての(ゴーモン社の)映画はアリスが作ったものだった」(フランシス・ラカサン)

「クレジットや記録は不確かなものであり、明記しない場合が多い。一八九六年から一九〇六年までの全作品はアリス・ギイ作だ」(ジャン・ミトリ)

「アリスの作品だとされるものの中には、実はそれらはフェルナンド・ゼッカ、ヴィクトラン・ジャッセ、ロメオ・ボセッティ(Ferdinand Zecca, Victrin Jasset, Romeo Bosetti)の作だとされる場合もある。しかし一九〇七年にアリスが結婚するまでは、アリスがゴーモン社唯一のフィクション映画製作者だった。ゴーモン社発足後最初の十年に製作した映画の全てをアリス・ギイが作ったものということにまず間違いはないだろう」(フレデリック・モロー[注3])

第三章　映画が生まれたころ

手探りの映画作り

映画が生まれたころのフィルムを、コンピューターのソフトウエアに例えることができる。私たちが使うコンピューターは有形の物理的な装置という意味でハードウエアと呼ばれる。ハードウエアはそれを動かすプログラム、つまりソフトウエアがあって機能する。同様に、カメラや映写機という機械だけでは映画は成立しない。カメラが撮影し、映写機が映し出すフィルムがあって映画が成立する。二十一世紀に入ってデジタル化が進むまで、映画誕生以来百二十年余りの間、「映画を見る」とはフィルムが映し出すスクリーンの像を見ることだった。

しかし、事の起こりはハードウエアであるカメラだった。ゴーモンはカメラを売るために「動く写真」を顧客に見せた。

ゴーモンにとっての当時の顧客とは、町や村を巡回する見世物師、イベントの企画者、あるいは富裕な趣味人もいたことだろう。

「今ご覧になったものは、このカメラで撮影したものです。」

ゴーモンの担当者が顧客にアリスの『キャベツ畑の妖精』を見せた。

「ほう、これは珍しい」

「動く写真」といえば実写フィルムに近いものしか見たことがなかった人々には、アリスが作ったファンタジーがたいへん珍しく、新鮮に映った。

ゴーモンのカメラや映写機が『キャベツ畑の妖精』のフィルム付きで販売された。

「新しいものはいつできるのですか?」

クライアントは新作を求めた。

「きみが撮影したフィルムが好評だ。アクチュアリテ(ニュースや実写)に加えて、劇作も作っていこう」とゴーモンが言った。

「どのようなものにしましょう?」

物語や劇など、創作物に親しんだ経験が乏しいゴーモンには何の考えも浮かばない。そもそも情緒や感情に動かされることがない。彼にとってはカメラの開発が優先事項だった。

「この分野はきみに任せよう」

「それならもっと勉強しなければ。アクチュアリテはプロの写真技師が撮っています。私には撮影の知識がありません」

「アナトールをきみのアシスタントに付けよう。専門的なことはムシュ・ディライに教わるといい」とゴーモンは言った。

アシスタントはアナトール

「きみ、悪いがこの機材を運ぶのを手伝ってくれないか。礼ははずむ」

「お安いご用さ」

「少し重いが丁寧に扱ってくれ」

「うん、これは重いぞ」

「助かるよ。ところで、きみはどこから来たんだ?」

アナトール・ティヴェルビルはブレス出身、鶏肉の産地で知られる東部の町だ。家業の養鶏を手伝っていたが、ある年、鶏の疫病が流行って一家の生活が行き詰まった。口減らしを口実に、アナトールは家を出た。

生来の楽天家は「何とかなるさ」と汽車に飛び乗って従兄弟がいるパリにやってきた。まだ十六歳になっていなかった。サンジェルマン界隈で使い走りをして日銭を稼いでいるうちに数年が経つ。そのころだ。街角で写真技師に声をかけられたのは。善良で人なつこい若者だった。

「人手が足りなくて困っている。見習いにならないか。実入りは良くないが、写真機の扱い方を覚えられる」この写真技師がゴーモンのアトリエに出入りするようになった。

すでに見習いの年齢でもなかったが、定職につけるのなら何でもしよう。

「このカメラを動かすのを手伝ってくださらない？」

ゴーモン社のアトリエをしばしば訪れるようになったアナトールに、アリスが声をかけた。

写真技術の知識がないアリスには、アシスタントが必要だ。カメラを大切に扱い、気軽に話ができる人物が良い。

こうしてアナトールがアリスのアシスタントになった。

「あら、これはどういうことなの？」

「フィルムを逆に回してみたのさ。ほらこの通り」

家が倒壊するシーンを撮影した時のことだった。なるほど。逆回しすると、倒壊した家屋がみるみるうちに復元された。オペラ大通りを人々が後ろ向きで歩いている。

フィルムの魔法だった。

「面白いわね。このアイデア、次に使いましょう」

逆回しのほか、早回し、遅回し。ストップ・アクションにオーバーラップ。ディゾルブ、クローズアップ。いずれも技法として確立する以前のこと。さまざまな撮影法を二人で試してみた。

「あははっ。何だ、これは？」

「ここでカメラをいったん止めて、人物を入れ替えて撮るとどうなるかしら」

「魔法のように変身するってわけだ」

内輪の試写で、予想通りの笑いが出ると愉快この上ない。アリスがアナトールの方を見ると、ウインクが返ってきた。

アリスが撮影するそばには、いつもアナトールがいた。

ディライの悲劇

撮影法は、フレデリック・ディライ（一八四八〜一九一四）に学んだ。ディライは内閣職も務めた文筆家だ。写真についての造詣も深く『写真の芸術（*L'art en Photographie*）』などの専門書を何冊か残している。このディライがゴーモン社の技術顧問となっていて、アリスの撮影相談役になった。

「前景に焦点を当てるということも考えて。構図はこのように」

「曇天だからね。露出を調整する」

そんなディライが後世に知られるようになるのは、写真技術の専門家としてではなく、歴史的大惨事によってだった。

パリでは毎年、上流貴族や富裕ブルジョワ夫人たちが慈善バザーを開催していた。その年一八九七年のバザーも盛況だった。来場者は一日で千二百人を数えた。この種のイベントはシネマトグラフ映写の絶好の機会となる。ここでも上映されることになった。

バザーたけなわのころ、シネマトグラフが始まった。映写ライトに覆いがかけられた。スクリー

Le Petit Journal
SUPPLÉMENT ILLUSTRÉ
Huit pages : CINQ centimes
DIMANCHE 16 MAI 1897
INCENDIE DU BAZAR DE LA CHARITÉ
LE SINISTRE

慈善バザールの火災を伝える新聞

ンへの反射を防ぐためだ。不幸なことに、このライトがエーテル灯だった。揮発性の強いエーテルが覆いの中で充満して引火した。

折からの強風が炎を巻き上げ、火は瞬く間に燃え広がった。木製の会場全体が火の海となるまで時間はかからない。幅十三メートル、長さ八十メートルの袋小路状の会場を、着飾った貴婦人たちが逃げまどった。火の勢いがこれにまさる。

一キロと離れていただろうか、オペラ通りのゴーモンのオフィスにも知らせが届く。

「大変だ。バザー会場が火事だ」

「何だって？」

「すごい煙がここからも見えます。シネマトグラフを上映していたはずです」

「ポーリーヌ！」

その日ゴーモン社にいたディライイが顔色を変えた。今朝見送った妻と娘がバザー会場にいるはずだ。ディライイは大急ぎで現場に駆けつけた。ゴーモンとアリスが付き添う。

混乱した現場で、茫然自失の娘を何とか探し出すことができた。しかし夫人は見つからない。

焼け焦げた夫人の遺体を確認できたのは翌日のことだった。犠牲者一二六名の中には、オーストリア皇后エリザベートの妹ゾフィ・シャルロッテも含まれる。

この悲惨な火災は映画史上も注目されるものとなった。これを機に劇場やコンサートホールの防火法令が定められ、三年後の一九〇〇年のパリ万国博覧会では、建築設計に防火対策が盛り込まれる。

上流階級に知人の多いディライは、夫人以下、親族や友人十七名を失った。

「あの時、お母様の手を放してしまった」

助かった長女はショックで心を病み、翌年にはこの世を去ってしまう。ディライの傷心に、アリスもかける言葉が見つからなかった。

「アトリエにいらしていただけませんか」

「お知恵を拝借したいのですが」

アリスはアドバイスを求め続けた。ディライが仕事に復帰したのは数年後のことになる。

結婚はしない

時には一週間休みなく働くこともあった。疲労困憊してベッドに入り、朝が来るとアパートの前のヴォルテールの像に挨拶しては仕事場へと急いだ。

映画作りに魅せられていた。

「休息日に仕事するなんて」

母親マリは、敬虔なカトリック信者だ。

「私がしなくちゃならないの」

「あなたも結婚すればよかったのに」

「もう過ぎたこと。結婚はしないわ」

知人が結婚話を持ちかけてくれたことがあった。父親を亡くし、財産もないアリスには過ぎた話だった。しかし、ブルジョワ資産家との結婚は自分には釣り合わないと思った。

「そうね。あなたはあなたが思うように生きればいいわ」

今のアリスの年齢のころ、マリは裕福な経営者夫人だった。

夫に別居を言い渡される結果になってしまったが、豊かな結婚生活を与えてくれた夫にマリは感謝している。結婚の破綻を悔やむこともない。今となっては、結婚生活だけが全てではない、とも思えるのだ。

アリスはアリスが思う通りに生きてゆけばいい。

「明日は久しぶりのお休み。ボンマルシェに出かけましょう。別館で映画も見てみたいわ」

当時の映画は町や村を巡回するものであり、専用の劇場はない。パリではメリエスの小屋、ミュージックホールやカフェ、百貨店ボンマルシェの別館で見ることができた。

「そうしましょう」と母親はうなずいた。

女たちが流行に敏感なのは今と変わらない。パリの女性のファッションはくるくると変わっていた。第一次世界大戦が始まるまでのこの華やかな時代を、のちに人は「ベル・エポック」と呼んで振り返る。

この日、アリスは流行のコートを新調した。

パリ万国博覧会

「わが社の技術を世界に示す時だ。心して仕事をするように」

翌年のパリ万国博覧会を控えた一八九九年の秋、ゴーモンは社員にこう告げた。

エッフェル塔側から見たパリ万博会場

世界初の万国博覧会は一八五一年にロンドンで開かれた。それに対抗するように、一八五五年にはフランスが開催国となり、以後一八六七年、一八七八年、一八八九年、そして一九〇〇年と、ほぼ十年ごとにパリで万博が開催された。

ひときわ盛大なものとなったのが一九〇〇年の博覧会だ。

その前回の万博で「景観をこわす」と非難されたエッフェル塔は、撤去されることに決まっていた。それが一九〇〇年の万博では再利用されることになり、黄金色に塗り替えられた。エッフェル塔が見下ろす広大なシャン・ド・マルスの会場は、現代のテーマパークさながらだった。

メイン会場には巨大スクリーンが架けられた。大きさは現在のＩＭＡＸほどもある。

「あの大きなスクリーン、あそこに映画が映るのよ」

「エッフェル塔からも見えそうだ」

「エレベーターで上ってみましょうよ」

「それよりも、新しく開通したメトロ、とやらに乗ってみよう」

「そうね。車両がとっても洒落ているんですって」

シャンゼリゼ通りの南エリアに壮麗なグラン・パレとプチ・パレが建造され、展示館となった。現在は美術館として使われているが、どちらも建物そのものが芸術品だ。そこからセーヌ川を南に渡ると、ナポレオンの墓アンヴァリッドに至る。現在は軍事博物館となっていて、古今の希少なコレクションが展示されている。セーヌの右岸と左岸をつなぐのは、過度なまでの装飾が施されたアレクサンドル三世橋だ。

パリの街の東にあるヴァンセンヌの森も会場にあてられ、そこから街の西端ポルトマイヨまでメトロが開通した。パリの地下鉄一号線だ。

当時のフランスの人口四千万人に対し、入場者数は述べ五千百万人を数えた。ちなみに、一九七〇年の大阪万博の入場者数はざっと六千四百万人だった。

産業革命でイギリスに遅れをとったフランスだったが、テクノロジー開発は先んじていた。それに、工芸品、高級装飾品、ファッションや芸術の分野はフランスの独擅場だ。

今こそ、フランスの優位を世界に示す時だった。

前回、一八八九年のパリ万博が鉄の祭典だったとすれば、一九〇〇年の博覧会は電気の祭典となる。重い鉄を動かすのは電気だ。歩道や電車、エレベーターが電気で動いた。電気は光をもたらす。会場のモニュメント像や噴水の照明がまばゆく輝き、エッフェル塔に電飾がついた。

そして、その電気を使った光学テクノロジーの集結が映画だった。リュミエール社、パテ社、そして、精密機器のゴーモン社が出展した。メリエスも参加してしかるべきだったが、博覧会記録にメリエスの名はない。テクノロジーとしての映画は認められたものの、作品としての映画の地位は定かではなかったのだ。

スクリーンに映るものは好奇の的であり、時にはいかがわしいものすらあった。女性の入浴シーンが密かに撮影されて出回ったであろうことは想像に難くない。

メリエスの映画は芸術的で創意工夫に満ちたものだったが、表舞台には現れなかった。

「動く写真」は「写真や印版の技術」の一つと分類されて、X線と同じ部門に入れられた。出展されたのは工学機械であり、映画そのものは形の定まらないアトラクションのままだった。

博覧会期に合わせて、専門家による国際写真会議が開催された。

レオン・ゴーモンやルイ・リュミエールも会議委員に選ばれ、この学術会議の準備に関わった。

この時、フィルムの送り穴（パーフォレーション）の形状やサイズなど、細かい取り決めが検討され、送り穴の規格サイズは三五ミリが正式なものとなった。メイン会場とは別に、国際写真会議場でも映写が行われた。しかし上映プログラムは、映画と写真が交互に現れるという不思議なものだった。写真会議では映画が写真の延長上のものでしかなかったことを物語る。

圧巻は、巨大スクリーンでのデモンストレーションだ。縦十八メートル横二十一メートルの巨大スクリーン上に、一分前後の映画十五本で構成されたプログラムが、一日二回上映された。一回の上映に三千人から五千人の観衆が入ったというから、五月から十一月までの開催期間中の観客延べ人数はざっと百五十万人に上る。

アリスの『キャベツ畑の妖精』がここでも上映された。あれから何度もフィルムのコピーが行われ、もとのフィルムは擦り切れてしまっていた。取り直しも行ったが、博覧会向けにはリメイクしたものが上映された。

「これがあのリュミエールのシネマトグラフ。パテ社のも、エジソンのもある」

「これはゴーモン社だ」

「ふうん、『キャベツ畑の妖精』ですって」

映像に著作権の観念はなく、クレジットもつかない。これを作ったのが、二十代の女性だったことを知る者はいなかった。

アメリカのシネマトグラフ

シネマトグラフとともにリュミエール兄弟の名は世界中に知れ渡った。しかし、一九〇〇年のパリ万博が彼らの活動のピークだった。

一八九五年十二月のグランカフェでの公開後まもなく、リュミエールはシネマトグラフをレンタル方式で普及させようとした。世界各国に映写技師を派遣、各地で撮影したドキュメンタリーのフィルムは膨大な数に上る。技師たちは日本にもやってきて、明治時代の風俗を撮影した。剣術の稽古や庶民の行水（ぎょうずい）の様子など、この時の映像は現代の私たちにとっても興味深く民俗学的価値もある。

リュミエールのシネマトグラフが発表された直後、アメリカではシネマトグラフのようなスクリーン映写式の映画は普及していなかった。ただし、チャールズ・フランシス・ジェンキンズらが開発したスクリーン方式の映画の特許権と販売権をエジソンが買い取り、「エジソンのヴァイタスコープ」として実用化しようとしていた。

一八九六年四月、ブロードウェイのミュージックホールでヴァイタスコープの一般公開が行われた。しかし上映された六本中四本はキネトスコープで使用したフィルムからの使い回しだった。この時評判を呼んだのは海の荒波の映像だ。スクリーン上とはいえ、迫力ある荒波を室内で見ることが当時としては珍しく、評判を呼んだ。しかしこの映像は、イギリスの製作者がエジソンへのアピール用に送ったもので、アメリカで新たに作られたものではない。列車をスクリーンに登場させたリュミエールのシネマトグラフに比べると、特に驚くべきものではなかった。

エジソンのヴァイタスコープとリュミエールのシネマトグラフとでは映画の内容やクオリティに差があったのだ。

ヴァイタスコープ公開の二カ月後の六月、リュミエールが派遣した映写技師がニューヨークのマジソンスクエアで、シネマトグラフのデモンストレーションを行った。

エジソンのヴァイタスコープに比べて、映像が美しくブレも少ない。内容も目新しかった。シネマトグラフは、公開されるや熱狂的な人気を呼んだ。リュミエールが派遣したフェリックス・メスギッシュは、当時の観客の熱狂ぶりを次のように述べている。

「各々の映像が嵐のような拍手と共に通り過ぎる。六本目の作品が終わると、私が会場の照明をつけた。観衆は沸き立っている。「リュミエール兄弟！　リュミエール兄弟！」と叫ぶ歓声。そして。ブラヴォーの声が鋭い口笛に混じる。アメリカ人が満足の意を表す方法である。熱烈な歓呼！「生涯忘れぬ情景！」［中略］

私を舞台の上に上げて、公衆に紹介した。オーケストラが「ラ・マルセーズ」を演奏する。私が逃げないよう支配人は私の手を掴んでいた。（注4）」

ヴァイタスコープにシネマトグラフが圧勝した。何よりも、アメリカでは（覗き見方式の）キネトスコープが普及していたため、スクリーン映写式の映画が一般に行き渡っていなかったこともある。ヴァイタスコープの一般公開は、このシネマトグラフ公開を意識して予定より早められたため、準備不足に終わったふしもある。

ところが、シネマトグラフにとっては時期が悪かった。「アメリカのためのアメリカ」というスローガンのもと、アメリカは外国製品に対する規制を強化した。金融界の有力者や共和党政治家が保護貿易主義を押し出したのだ。翌年一九九七年にウィリアム・マッキンレーが大統領になると、関税法が改正され、外国企業が締め出された。

あたかもシネマトグラフの上陸にタイミングを合わせたかのように、フランス製映画の上映も撮影も、アメリカでは違法行為となってしまった。到着時は熱狂的に迎えられたシネマトグラフだったが、手のひらを返したように取り締まりの対象となって差し押さえられたのだ。

翌年の一九八七年十月、メスギッシュと現地のフランス人責任者は、逮捕を逃れて帰国するしかなかった。

「こうしてシネマトグラフは合衆国で大成功を納めたのち、ナショナリズムと保護貿易の荒波を受けて放逐された(注5)」

モン・プレジール

映画の父、リュミエール兄弟について残念な点があるとするならば、シネマトグラフの未来を見通さなかったことだ。リュミエール兄弟に限らず、映画の発明に関わった人々のいったい誰が、映画の未来を予見しただろうか。文化・芸術として認められ、巨大産業に発展する二十世紀の映画を。

リュミエール親子にとって、シネマトグラフは映像記録と再現の装置であり、フィクションとしての映画の価値や将来性を考えることはなかった。

画家志望の父アントワーヌは写真の時代を見てとるや、肖像写真家となり、エジソンのキネトスコープを知るとすぐさま息子たちにシネマトグラフの開発を促した。

機を見るに敏、時代の波を自在に泳ぐアントワーヌだったが、息子たちが世界的名声を手にしたことに大きな満足を得た。

「好きな絵を描いて暮らしたい」と引退生活に入る。

リヨンの中心部から地下鉄で十五分、モンプレジールという駅の前に、アールヌーボーの瀟洒な館がある。リュミエール家の屋敷だった建物が現在はリュミエール美術館となっている。映画誕生ゆかりの展示物の数々とともに、当時のリュミエール家の生活をしのぶことができる。〝モンプレジール〟はフランス語で〝私の喜び〟、〝リュミエール〟は〝光〟を意味する。光の技術で成功したリュミエール一家は、苛烈なビジネスの世界に残ることを、喜びとはしなかったようだ。

リュミエール兄弟とレオン・ゴーモンは、映画発明のライバルだ。両者の間には競争心があったはずだが、彼らは友好的な交友を続けた。とりわけルイとレオンの親密な親交は長く続き、それを示す私的な手紙も残っている。

リュミエール美術館

彼らの関係を、マクマハンはフランスのブルジョワジー精神で説明する。リュミエール兄弟とゴーモンとは思想や価値観を同じくしていた。まぎれもない十九世紀末ブルジョワジー的価値観である。今日でいう保守的政治意識を持ち、従業員に対しては家父長的態度で接した。ブルジョワの家族構造が彼らの取引関係のモデルとなったようだ。信頼関係、つまり親密な「ネットワーク」が中核をなす。このやり方は、フランスでは成功した。しかし、アメリカ市場では悲惨な結果となった。アメリカ進出を確かなものにすることができたのは、攻撃的なアプローチを取り、大きな資金力を持っていたパテ社のみだった。(注6)

クロノフォン

リュミエールの特許はパテ社が引き継いだ。初期フランス映画のシェアを分けたのはパテ社とゴーモン社、そしてメリエスのスターフィルム社の三社。ビジネスセンスに長けたパテ社、テクノロジーで先端をゆくゴーモン社、奇想天外な仕掛けを追求するメリエス、映画に対する姿勢は三者三様だった。

ゴーモン社を率いるゴーモンの関心は、撮影・映写機器のクオリティをいかに高めるかにあった。「映像に音声をつけられないものか」と早くから考えていた。

世界で初めての音声つき映画は、ワーナー・ブラザーズが製作した『ジャズ・シンガー』(一九二七年)とされている。そしてそれ以前の映画黎明期は時として「無声映画の時代」と呼ばれる。しかし、映像に音をつける試みは、映画が生まれてまもなく始まっていた。無声映画時代の映画は必ずしも無声ではなかった。

一九〇〇年のパリ万博では「フォノ・シネマ・テアトル」がお目見えした。

当時、一世を風靡したフランスの舞台女優サラ・ベルナールなど、人気歌手の映像と音声が同時に流された。しかし、映像が不鮮明な上に音質がひどく、音と映像のズレが致命的だった。

フォノ・シネマ・テアトルの広告

「ひどい音だ」

「聞いていられない」

「ただの雑音じゃないか。入場料を返せ！」

音と映像のズレをなくすために、音声が映像に合わせて調整された。つまり音の伸縮加工をしたのだ。聴くに耐えないしろものになって当然だ。苦情の多さにパリ万博の「フォノ・シネマ・テアトル」公演は早々に打ち切られた。

エジソンも音声付き映像にチャレンジしている。なにしろ蓄音機の発明者、録音技術の元祖だ。

エジソンは、映像と音にズレが生じないように撮影と録音を同時に行なった。ところが、撮影用のカメラの発動音があまりに大きかった。音声がかき消されないように、演者は録音機のそばで大声で叫ばなければならない。演技どころではなく、実用化には至らなかった。

安定した映像と音声を同時に再生し、劇場鑑賞に耐えられるものにするにはどうするか。

撮影と録音を別々に行うことをゴーモンは考えた。

音声は、音の振動によって円筒状の蝋(蝋管)に針が溝を彫ることで記録される。その蝋管の溝を針がなぞることによって音声が再生される。これがエジソンのフォノグラフの原理だ。壊れやすくて扱いにくい蝋管は、やがて円盤型のディスク、グラモフォンに改良された。このグラモフォンは、かつてのLPレコードのような形状をしている。

蝋管(のちにはグラモフォンのディスク)に録音された音を再生(プレイバック)し、それに合わせた演技を撮影する。あとは撮影したものと録音した音声を同時に再生すればいい。

録音と撮影を別々に行うのは二度手間だったし、音声にぴったり合わせた演技を導くためには、撮影を何度も繰り返さねばならなかった。音声・画質、それぞれのクオリティに問題はないとして、その二つをぴたりと同時再生することも当時は至難の技だった。

ムラなくスムーズな再生を行い、劇場鑑賞に耐えるものにしなければならない。

この考えで、ゴーモンが生み出したのがクロノフォンだ。

最初はオペラやバレエのシーンを題材に選んだ。これを「フォノセーヌ」と呼ぶ。「フォノ」は音、「セーヌ」は場面を意味する。

オペラ座や国立パリオペラ団の歌手など、当代一流のパフォーマーによるフォノセーヌをアリスはいくつも撮影した。

当時、エンリコ・カルーゾという有名なイタリア人オペラ歌手がいた。彼をフォノセーヌに撮ることになった。発表されれば評判になること間違いなしの大スターだ。背景に映る舞台美術にも予算を投じて念入りに準備した。

ところが、撮影の時間になってもカルーゾは現れなかった。

「どうしたのかしら、迎えに行ってくださる？」

アシスタントが迎えにゆくと、カルーゾは言った。

「やはり出演するわけにはゆかない。自分の名を貶めるようなものには」

映画に出るのは不名誉なこととして、カルーゾは二の足を踏んだのだった。

クロノフォン上映風景

多くの人にとって映画はそのようなものだった。

スペイン撮影旅行

「なんてきれいなの！」

川のほとりを歩いていると日が暮れてきた。町の灯りが川面にゆらめく。回教寺院メスキータを照らしていた夕陽が落ち、肌寒くなってきた。寺院の尖塔の上空は群青に変わり、地上と空の闇が溶けようとしていた。

「スペインの風景やエキゾチックな踊りを撮ってきてくれないか」

一九〇五年秋、ゴーモンはアリスにスペイン撮影旅行を指示した。ゴーモン社は外国に市場を広げようとしていた。まずは隣国、ドイツ、イギリス、スペインだ。音楽や踊りは万国共通、フォノセーヌは外国人にも受け入れられやすい。

「マドリッドには支社もできた。フラメンコをはじめおもしろい音楽や踊りがあるはずだ」

「行ってみたいと思っていました」旅行好きのアリスは即答した。

チリでスペイン語に浸り、フランス語を話せなくなった幼児期があった。かねがねスペインを訪れてみたいと思っていたのだ。

「アナトールを同行させよう」とゴーモンが言う。

もちろんカメラマンが必要で、アリスのカメラマンはアナトールだ。

ただし、仕事とはいえ、男性との二人旅になる。母は驚きを隠せなかった。

「ティヴェルビルさんと二人？」

「そう、アナトールと二人」

「ムシュ・ゴーモンはどういうおつもり？　独り者の男と二人で旅行に出すなんて」

十九世紀、独身女性が夫以外の男性と二人で旅行するなどありえなかった。

「でも私が行かなくてはならないし、アナトールがいなくちゃ撮影ができないのよ」

それまでに作った映画は二百本を超えていた。

作る本数が増えるにつれて、ゴーモン社のスタッフの数も増えてきた。アリスが行かなければ、他の男性撮影技師が行くことになるだろう。それは口惜しい。組織には必ず、些細な地位や名誉にこだわる人たちがいる。そのような人物の目には、アリスは目障りな存在だった。ゴーモンに一目置かれている女だ。

「何だ、女のくせに」

アリスをライバル視し、敵意をあらわにする者もいた。アリスが回想録で「私の敵」と呼んではばからないのが、メカニック部門の責任者ルネ・デコーだった。

「気にしないことさ。わかる者にはわかるさ」とアナトールは言う。

デコーとの衝突を避けるため、ゴーモンがアリスにスペイン旅行を提案したのだった。

陽射しが強く色彩豊かなスペインは、撮影には絶好の地だった。

バルセロナ、サラゴサ、グラナダ、マドリッド。土地の人たちは親切で、魅力的な被写体があふれていた。フラメンコ、酒場のギタリスト、聖地モンセラートへの巡礼、ロマの踊り。

「面白そうな酒場ね。でも〝女性お断り〟とある」

「よし、交渉してみるさ」アナトールが交渉してくれた。

「ここでしか見られないものがあるはずだわ」

　潜入して撮影する価値があった。

好奇の目で見られたが、アリスは情熱的な踊り子に圧倒された。

ロマの住居地区にも入っていった。若く美しいロマの官能的な踊りはアリスを魅了した。

スペインの広大な台地には珠玉の町や村が散らばっている。「カルメン」の舞台であるセビリヤへ移動する途中、アリスはコルドバに立ち寄ることにした。ローマ時代以来の歴史をもち、イスラム制圧下でヨーロッパ随一の大都市だったコルドバ。

昼間に訪れた寺院、メスキータの内部には数百本もの柱とアーチがあって、まるで林のようだった。キリスト教会に転用されたイスラム寺院は、独特のムードを漂わせる。

狭い路地に白い壁、咲き乱れる花々。長いまつ毛の女が窓辺からこちらを見ている。

宿で一息ついた後、アリスはアナトールを散歩に誘ったのだ。

初冬の日は短い。グアダルキビル川のほとりも暗くなってきた。

「見て、アナトール」

「何を？」

「言葉にできないくらいきれいだわ」

「まあね」

「まあねって、こんなに素晴らしい景色なのよ」

「それより、食事がもっと素晴らしければね」

まったく。アナトールにかかると崇高な眺めもぶち壊しだ。

アナトールは疲れ切っていた。かさ高く重い機材を幾つも運んでの移動が連日続く。機材には細心の注意を要した。その上、パリから運んだ録音機器がうまく作動しなかった。

アナトールの気分は最悪で、景色どころではなかったのだ。

後で分かったことだが、録音機器の不良は、アリスの「宿敵」デコーの仕業だったらしい。

ホテルは二部屋とった。これには宿の主人が怪訝な顔をすることもある。

「あいにく一部屋しか空いてませんで」

「どんなお部屋でも結構よ。もうひと部屋必要なの」

「では特別室を」

続き部屋がある特別室にベッドはいくつもあったはずだが、アナトールがどこで眠ったのか、アリスには分からない。朝まで姿を見せなかった。

旅の終盤はジブラルタル海峡だった。

「あそこはモロッコね、遠くまできたわ」

はるか向こうにアフリカ大陸がかすんで見える。紀元前にはカルタゴが、八世紀にはイスラムがこの海峡を超えてヨーロッパに侵入してきた。

攻防の歴史ある海峡を、今はイギリスの歩哨が守っている。

ヨーロッパの果て、英雄たちの興亡を思うと、昔読んだ詩を思い出して、胸に迫るものがあった。

アナトールに感想を聞くのはやめておこう。

ジブラルタルの景色を一望したあと、二人はスペインを後にした。

機材の作動が不良で苦労が多い撮影旅行だった。スペインでの撮影を含め、アリスがフランスで作ったフォノセーヌは総数百十本を超える。

アリスゆかりのパリ

マラケ河岸	アリスが母と住んでいたアパートがあった
グラン・カフェ	リュミエール兄弟がシネマトグラフを公開
慈善バザー会場	歴史に残る火災現場となった
アンヴァリッド	傷病兵施設　ナポレオン廟がある
ベルヴィル墓地	ゴーモン夫妻の墓がある
シャン・ド・マルス	パリ万国博覧会会場となった
ゴーモン社	オペラ大通りからサン・ロッシュ通りへの分岐点にあった
サン・シュルピス教会	画家ティソーはここで神の啓示を受けたといわれる

第四章　監督アリス・ギイ

ビュット・ショーモン

アリス母娘が住んでいたアパートからビュット・ショーモンの仕事場まで、現在の地下鉄を利用すると十駅くらいになる。地下鉄網がなかった当時、アリスは辻馬車を利用して仕事場まで通った。それほど遠くはないが、多忙な身には近い距離ではない。

「アトリエの近くに住んではどうだね。私が持っている家がある」

ある日、ゴーモンがアリスに言った。

集団で行う作業場をアトリエと呼ぶ。ゴーモンのアトリエでは撮影、フィルムの加工、背景美術や衣装の製作など、映画製作にかかわるあらゆる作業を行っていた。

「今のアパートを気に入っているのです」

「しかし、往復に時間がかかりすぎるだろう」

アパートはマラケ河岸、現在のオルセー美術館の東側にあった。セーヌ川の向こうは壮大なルーブル宮だ。ずっと向こうのモンマルトルの丘にはサクレクール寺院が完成間近の白亜の姿を見せていた。

アパートのそばにはヴォルテールの像がある。理性を愛し、自由を尊んだ思想家は、アリスと縁があるようだ。父の破産のあと移った修道院は、かつてヴォルテールの邸宅だった。

「私はあなたの意見に反対だ。しかし、その意見を主張する権利は命をかけて守ろう」との名言を残したヴォルテール、アリスは朝に夕にこの思想家の像にあいさつした。

ブキニストと呼ばれる、セーヌ川沿いの古本屋を見て回るのもアリスは好きだった。

ビュット・ショーモンは、かつては採掘場に屠殺場、刑場があり、人が近寄らないエリアだったが、オスマン男爵によるパリ大改造で、広大な公園に変貌した。この公園の南にゴーモンが土地を持っていた。ゴーモンの妻カミーユが結婚時に持参した土地だった。カミーユが生まれ育ったベルヴィルのすぐ北にあたる。

弟の兵役仲間のレオン・ゴーモンにカミーユは好意を持った。

「父は屋敷つきの御者、母はメイドでした」

家柄はもとより財産もない。徒弟の身分であるため、収入もわずかだった。頭脳は抜きん出ていたが、高等教育を卒えているわけではなかった。

そんな自分を取りつくろうことすらしない、二十歳の若者は、理想の結婚相手にはほど遠い。ただ、射るように澄んだ目をしていた。明晰な頭脳と誠実な心が映し出されたまなざしだった。カミーユはその吸い込まれそうな瞳を、気づかれないようにそっと見つめることがあった。

「この男は何かをやり遂げる」

カミーユの父シャルル・マイヤーは、ベルヴィル界隈では知られた名士だ。しかし、裕福なブルジョワジーだったわけではない。十九世紀のフランスでブルジョワであるということは、必ずしも家柄が良く財産があることとは限らない。家柄や財産は必要条件ではないのだ。

全国民が一致団結して行った階級闘争がフランス革命だとすれば、革命後、新しい社会のリーダーであろうという意識を持った者たちがブルジョワだ。自分たちが労働者や農民ではないというプライドと使命感を持ち、人の目にもそれと分かることが必要だった。ブルジョワと映らなくてはならない。言い換えると、見せかけだけのブルジョワも多くいた。

ブルジョワの結婚には持参金がつきものだった。女性には市民権がないので、その持参金を管理するのは夫だ。そのため、持参金目当てに裕福な家の娘を狙う男性が多くいたという。

名門中学で教育を受け、上昇志向があったゴーモンにブルジョワ意識は大いにある。とはいえ発展途上の若者だ。かといって持参金目当ての結婚を狙う邪心はない。そんな思惑があったとすれば、もっと裕福な家の娘に近づいたことだろう。

愛娘カミーユの結婚に、父シャルルは頭を悩ませていた。当時男性は二十五歳から三十歳が結婚適齢期とされ、女性は男性よりも若いほど良かった。あれこれ悩むうちに、いつの間にかカミーユは二十五歳になる。二十五歳を超えた独身女性は「老嬢」と呼ばれ、社会的に居場所がなくなることが多い。

「レオン・ゴーモンはどうだ?」うつ向きかげんのカミーユは答えた。

「立派なかたですわ」

シャルルはゴーモンに娘を託すことにした。一八八八年、ゴーモン二十二歳、カミーユ二十七歳で結婚する。ブルジョワによくある結婚と同じ、二人の結婚は両者に勝算が見込まれる取り決めのようなものだった。

もちろん、この結婚は予想外の果実を結ぶ。のちの映画会社ゴーモン帝国は、カミーユが結婚時に持参した資産、ビュット・ショーモンの土地で成長したのだ。

二人はこの地に住んで五人の子供をもうける。ゴーモンは仕事に打ち込み、カミーユは夫に寄り添った。引退後、二人は南フランスの屋敷で余生を過ごす。妻は生地パリのベルヴィルに埋葬されることを望んで亡くなり、その十三年後にゴーモンも土となった。

ベルヴィルの南に、ペール＝ラシェーズという大墓地がある。名だたる人物が多く眠るこの墓地にゴーモンの墓があっても良さそうなものだが、彼はあえてベルヴィルのもと公立墓地で妻の横に眠ることを選んだ。大会社の創始者らしからぬシンプルな墓石がゴーモンらしい。

「浴室を新しくして、庭も整備してくださるのよ」

「ビュット・ショーモンへ移りましょう。あなたの仕事のためにも」

時間が省けて仕事の効率が上がるし、家の賃料も入る。きわめて合理的なゴーモンらしい提案だった。

ヴォルテール像と別れを告げて、アリスは母と共にビュット・ショーモンへ移った。

スタジオ・エルジェ

会社は拡大した。ゴーモンはアトリエ付近の土地を次々と買収し、区画を広げていった。

ゴーモン社は精密機器の会社から映画製作会社へと変わりつつあった。機器を作ることから、映画を作ることへと軸足を移したのだ。

「今後はフィクション映画を主力としよう」と役員たちの意見が一致した。

『キャベツ畑の妖精』以来十年間、フィクション映画を作ってきたのがアリスだった。

「大きなスタジオがあれば、同時に二本作ることもできるでしょう」

戸外で撮影することが多かった。日照のない雨の日には撮影はできない。雨の日ばかりではない。気温が低く日も短い冬は戸外での撮影日数が限られていた。

「中途半端はよくない。思い切った規模のものにしよう」とゴーモンは言う。

「スタジオの中に舞台を作れば、クロノフォン撮影もできます」

増資に伴って、会社は拡大した。

「スタジオの稼働時間を長くして、製作本数を増やそう」役員会の議論は白熱した。

「人員も増やさなくてはならない」

「製作はマドモアゼル・ギイに任せよう」とゴーモン。

「いつまで女性を製作責任者にしておくのですか？」

アリスを敵視する者がいた。

「わが社でフィクション映画を作ってきたのはマドモアゼル・ギイただ一人だよ。他に適任者がいるのかね？」長老エッフェルが諭すように言った。

大規模なスタジオ建築が始まった。

ガラス張りのスタジオには特注の照明設備が備えられ、昼夜の撮影が可能となった。スタジオはレオン・ゴーモンの頭文字からエルジェ（ＬＧ）と呼ばれた。一九〇五年の完成から十年間、このスタジオが世界一の規模を誇ることになる。

ここで製作する映画のほぼ全てがアリスの責任下となった。


「涙が止まらなかったわ、アリス」イヴォンヌが言った。

新スタジオでのアリスの初仕事は、『エスメラルダ』(Esmeralda)だった。

ヴィクトール・ユゴーの『ノートルダムの鐘』を原作とするこの物語は、二十一世紀の今に至るまで幾度となく舞台や映画になってきた。映画化第一作目は、おそらくアリスの『エスメラルダ』（一九〇五年）だろう。

物語の舞台は十五世紀のパリ。広いスタジオに大がかりな中世の街が再現された。当時としては珍しいことだった。

『エスメラルダ』を見て感激の涙を流したのは、もちろんイヴォンヌだけではなかった。

ルイ・フイヤード

「脚本を持ってきた男がいる」

スタジオ完成間近のある日、ゴーモンが一人の男をアリスに紹介した。三十代半ばだろうか。ステッキを使って歩いている様子は気取った洒落者といったところ。丸眼鏡をかけて、ユーモラスだが品がある。

「ルイ・フイヤードと申します」

生まれつきの書き手がいるとすれば、ルイ・フイヤード（一八七三〜一九二五）がそうだった。南仏ランドックの生まれ。言葉があふれるように出てくる子供だった。

「ルイ、少しお黙りなさい」

周囲の大人が困るまで話しかけ、話しが尽きると自分

ルイ・フイヤード

『ファントマ』ポスター

で物語を作って周囲に聞かせた。学校へ上がる頃には脚本らしきものを作って芝居ごっこの中心となる。

文筆で身を立てることは南仏では難しい。父親が亡くなったのを機にパリに出てきた。

ことばの豊かさは思考の豊かさでもある。フイヤードには書くべき事や形にしたいアイデアがいくらでもあった。雑誌の発行や編集をしていたが、十分な収入にはならない。

そんな時、知り合いのつてで脚本を持ちこんだのがゴーモン社だった。

「この人だ」フイヤードをひと目見てアリスは思った

エスプリが服を着ている。面白いものを見つけてやろうという精神が溢れているのがわかった。

「ちょうど良かった。脚本家を探していたところなの。専属になっていただけるかしら」

いきなり要点に入った。堅苦しい話は抜きだ。

「それは喜んで」フイヤードは頬をゆるめた。

「毎週二、三本書けますか」

「ちょっと大変ですな。でもまあやってみましょう」

フイヤードは脚本を書き、アリスのアシスタントもするようになった。のちにアリスがアメリカへ発ったあとのゴーモン社の主力監督となる。

一九一〇年代に『ファントマ』や『レ・ヴァンピール吸血ギャング団』といった活劇シリーズをヒットさせて一躍有名になる。そのフイヤードがアリスが採用した脚本家であったこと、指導したアシスタントであったことを知る人は少ない。

キリストの生涯

『キリストの生涯』の一場面

スタジオが完成すると、ゴーモン社の映画作りはさらに組織的なものになった。

脚本、撮影、美術、衣装と部門が分かれ、アリスが全体を監督した。

毎週、各部門の責任者が顔を合わせて製作会議を開いた。各責任者の業務を確認し、業務管理はアリスの秘書、イヴォンヌが補佐した。

「『キリストの生涯』をもう一度作ろうと思うの」

ある週の会議でアリスは言った。

一分足らずの連作をすでに作ったことがあった。

ジェイムズ・ティソによる聖書挿絵

「昔、リュミエール兄弟が同じのを作ってた」とアナトール。

「パテ社もね。どういうわけか、背景美術はうちと同じものを使ってた」

アリスが最初の『キリストの生涯』を作ったのは一八九八年のこと、十一の連作だったが、当時は一作が一分程度のものだったので、シリーズを通して十分そこそこの長さだった。映画史初のシリーズもの、とも言われる。

キリストの物語は永遠のテーマであり、現在に至るまで繰り返し作られている。

「ゴーモン社の名にかけて、最高のものにしたいわ」

「早速シノプシス(概要)を出しましょう」とフイヤード。

「来週中にはセット案を出してちょうだい、アンリ」

「腕の見せどころだね」

アンリ・メネシエが芸術監督に加わっていた。

メネシエがこの映画のために作った背景美術は二十五景を数えた。

「ここにティソの挿絵があるわ。これをベースにするつもりよ」

挿絵入りの聖書をアリスは開いた。

流行画家ジェイムズ・ティソ（一八三六〜一九〇二）は、パリのサン・シュルピス教会で神の啓示を受けたという。その後キリストの生涯を数々の水彩画に描いた。

「衣装の連中に見せたいので、ちょっと拝借するよ」

聖書を手にして持って行ったのはヴィクトリン・ジャッセ。衣装デザインや出演者の手配をするアリスのアシスタントだ。この映画では戸外撮影の部分をジャッセが担当した。

手配したエキストラは三百人に上る。現在の基準では大した数字ではない。しかし一九〇六年当時、これは空前の数だった。三十五分という長さもそれまでにない長尺だった。

このころ、フランスでは、映画製作会社が大小取り混ぜて五十社を超えるようになっていたが、シェアのほとんどをパテ社とゴーモン社が占めた。二社の競争が次第に激しくなっていった。

ハーバート・ブラシェ

アリスは三十二歳になった。

「結婚は？」と聞かれることもある。

「子供は欲しいけど」と親しい人には本音で答えた。

心ときめく人が現れなかったわけではない。

ただ、アリスが心を寄せたのは年長の紳士だった。アリスの回想録には、ＰＢというイニシャルの七十歳の人物が十七歳のアリスの初恋の相手であったことを仄めかす記述がある。この人物が実

はギュスタフ・エッフェルだと語る場合もあるが、どうだろうか。(注7)

ゴーモンとの関係に無責任な想像をめぐらせる者もいた。休日に急な用件で呼び出されることがあってもアリスは迷わず出かけた。そんなことが、あらぬ想像を生んだのかもしれない。実直な経営者はアリスを信頼し、アリスは信頼に全力で応えた。合理主義のゴーモンと行動力あるアリス。そのエネルギーのほとんどが仕事に向けられた。二人の恋愛劇はありそうだが、やはり考えにくい。

回顧録の冒頭に、アリスはこう記す。

映画監督としての私の人生を語る前に、私の生涯のすべてを占めているある人を紹介したい。わが「白馬の王子さま」つまり「映画」を。(注8)

ゴーモン社はクロノフォンとフォノセーヌの販路を隣国のスペイン、イギリス、ドイツへと向けた。

一八九八年にスタートしたロンドン支店を統括するのはアルフレッド・ブロムヘッドという切れ者だった。パリから送られてくるフィルムを扱うだけではなく、ロンドン支社で映画製作を行うなど、積極的経営を行った。

ドイツ支社の開業にあたって、ブロムヘッドはゴーモンに一人の若者を推薦した。

「語学に堪能な人物です」

「ドイツ語を話せるのかね」

「もちろん。フランス語も堪能です」

ロンドン生まれのハーバート・ブラシェは、ドイツに住んだ経験があり、フランスで教育を受けていた。父親はフランス人、母親はイギリスで、地方演劇の女優だった。フイヤードのように書くことはなかったが、語学に長けていた。

「ドイツに行く前にパリで研修を受けてもらおう。クロノフォンの技術を習得するために」

こうして、若木のような青年がパリにやってきた。

クロノフォンの撮影風景

「ロンドン支社の人が来てるわ」とイヴォンヌがアリスに耳打ちした。
女性ダンサーたちがすでにスタジオで撮影を待っている。彼女たちが先ほどから見ているのは彼だったのか。すらりと上背がある若者は、生まれたばかりの小鹿のような目をして辺りを見回していた。
「初めまして。ハーバート・ブラシェです」
艶やかな栗色の髪となめらかな肌をしている。

「アリス・ギイです。ドイツにいらっしゃると聞いたけど、フランス語がお上手ね」

「あなたほどではありません」

「まあ、おっしゃるわね」

「撮影を見学させてください」

クロノフォンは、朝顔型の大きな金属ホーンを二つ備えている。その後ろでアリスが撮影の指揮をとる。

金属ホーンの向こうには俳優や踊り子たちが控えている。照明が点き、カメラが回る。

軽やかなリズムの音楽が流れはじめた。

「アクション！」

スタジオにある舞台の上で、踊り子たちが動き出した。

「止めて！」

しばらくしてアリスが制した。カメラと音声担当に、何か指示を出している。

「音に集中しましょう。寸分違わず音に合わせるの」

今度は踊り子たちに向かって言った。

「カメラの方ばかり見ないで」

ハーバートは驚いた。この女性が一人でスタジオの全てを仕切っている。

「ちょっと」

「え、何でしょう？」

「少し下がってくださいます？」

撮影の邪魔になっていた。ぼんやりしていた。

「失礼しました」

ハーバートは後退りした。

プロヴァンスへ

「何日間の予定なの？」イヴォンヌが聞く。

「二週間くらいかしら。あなたも来てくれるわね。シーン数が多いし移動の連続なの」

「今度のは斬新ね。オペラの舞台を見たことがあるわ」

グノー作曲の『ミレイユ』は、『ファウスト』、『ロミオとジュリエット』と並ぶ人気オペラだ。

このフォノセーヌ撮影をプロヴァンスで行うことになった。

「何としても撮影はプロヴァンスでなくては」ルイ・フイヤードがきっぱり言った。

「グノー自身がプロヴァンスに行って作曲したのですから」

「あなたはプロヴァンス語がわかるから、心強いわ」

二十世紀初頭、南フランスではプロヴァンス語が生きていた。

フイヤードは南仏ラングドックのリュネル出身だ。現地事情に明るい。

撮影はいつものアナトール、のはずだった。ところがそのアナトールが倒れてしまった。スタジオ完成以来、夜を徹しての仕事が続いたせいだろう。寝床から起き上がれなくなり、医師から休養を命じられた。頼まれたら何でも引き受けてしまう性分（しょうぶん）が祟ったらしい。

「代わりにブラシェ君に行ってもらおう。研修のつもりでマドモアゼル・ギイの指導を受ければいい」とゴーモンが決めた。

まるで女帝のようなあの態度を思い出すと、ハーバートは気が重い。

「見習い同然の人よ。役に立つのかしら」アリスは不安だった。

未熟なハーバートも含めて一行は南へ向かった。


撮影は古都ニームからスタートした。紀元前からローマの支配下にあった都市で、街のあちこちにローマ時代の遺構が残る。

「闘牛シーンは『アルルの女』の雰囲気にします」

ビゼーの『アルルの女』同様、『ミレイユ』でも闘牛が物語のカギとなる。

「私にお任せを」とフイヤード。

フイヤードは筋金入りの闘牛ファンだった。南仏は昔から闘牛が盛んな地域、故郷リュネルにいた時は闘牛専門誌に寄稿していた。

「円形闘技場で撮りましょう。交渉します」

ローマ時代の遺構、ニームの巨大円形闘技場を借りることができた。そればかりか、スター級の人気マタドールを出演させることにもフイヤードは成功した。迫力ある闘牛シーンを映像に撮ろうと全員が意欲満々だった。

一行はアルルからサント・マリー・ド・ラ・メールの町を目指した。

スイスから流れ出た水を集めたローヌ川は、中部の都市リヨンでソーヌ川と合流する。下流のアルルの街で分岐したあと、河はゆったりと地中海へと流れてゆく。

「フランスにこんなに広い湿地帯があったのね」

「スイスの山から運び出されてきた砂。これがカマルグです」

カマルグは堆積土でできた広大なエリアだ。巨大ラグーンの南端にサント・マリー・ド・ラ・メールの町がある。

「サント・マリーのマリーはMariesと複数形なのです。それはね……」

フイヤードがいつものように話し始めた。

聖母の妹マリア、使徒ヨハネの母マリア、マグダラのマリア、そして召使いサラ。キリストの磔刑後、迫害を逃れた四人の女性が小舟でこの地に流れ着いたという伝説がある。彼女たちはこの

ニームの円形闘技場

地の教会に祀られ、サント・マリー・ド・ラ・メールは巡礼地となった。従者サラはロマの守護聖人となる。

「というわけで、祭礼の日には大勢のジプシーもここにやってくるのです」

『ミレイユ』では、農場主の娘ミレイユと貧しい青年ヴァンサンがこの教会で再会し、やがて悲しい最期を迎える。

古くて小さな教会はひっそりとしていた。アリスは祭壇に向かって佇んだ。

「あとはラストシーンだけ。無事に撮影を終えることができそうだわ」

「たいへんな仕事だった。何もかもあなたはやってのける」ハーバートが来ていた。

「あなたは回数を重ねてカンを養うことね。微妙な調整がクロノフォンでは必要だから」

「僕には難しい。マドモワゼル・ギイ」

近寄りがたい女性だと思っていたマドモワゼル・ギイだが、存外女らしい人であることをハーバートはこの旅で発見していた。そして……、横顔が魅力的だ。

「私は三十歳をとっくに過ぎてるの。マドモワゼルはやめてちょうだい」

撮影を終え、一行は再びニームに寄ってパリに戻る予定だ。

カマルグの砂浜。荒涼とした海原を水煙立てて野生の白馬の群れが走る。たてがみを靡かせ、馬たちはどこへゆくのだろう。いつか見た古典派絵画のネプチューンが似合う、品格ある白馬だ。

「いつの時代か、どこからか、誰かが連れてきたのですな」

フイヤードが真面目くさって言う。

あらゆる事について、興味深い話をしてくれるフイヤード。今のは冗談だろうか。

「見て、こんなにきれいな色」

夕暮れになって遭遇したのはフラミンゴの群れだ。鳥たちはたたずみ、ついばみ、羽ばたいているものもいる。白、茜、朱の羽毛が斜陽を浴びて影をつくる。

「この色は、フランス語では何と言うのですか？」

ハーバートが聞いた。フイヤードが答えないのはなぜだろう。

カマルグの白馬

見渡す限りの湿地帯。水面に映る雲も茜色だ。

フラミンゴは、一羽ずつがグラデーションを見せていた。

夕日に染まった空の下、地平線がくっきりと黒い。

まるで世界の果てに来たみたいだ、とアリスは思った。

景色を見ていると、理由もなく泣きたくなることがある。

なぜだろう。夕焼けの魔術か、それともこの旅を終えることが自分は悲しいのだろうか。

それはなぜだろう。

ゴーモンの元で働き始めてから十二年が経っていた。

遠くまで来た。自分はこれからどこへ行くのだろう。これからも撮影を続けるのだろうか。

ふと自分が迷い子になったような気がする。

「まるで世界の果てに来たみたいだ」

ハーバート・ブラシェがアリスの思いをそのまま言葉にした。

「フラミンゴはアフリカから来るんですって?」

胸の奥から込み上がってくる何かを振り払うようにアリスは言った。

いつの間にかフイヤードもイヴォンヌもいない。

「そう、アフリカから。みんな馬車の方に引き上げました。僕たちも行きましょう」

アリスはハーバートに伴われ、一行が待つ馬車へと向かった。

いつの間にか湿地帯の小道から外れてしまっていた。

彼がいなければ本当に迷子になっていたかもしれない。

ハーバートがいてくれて助かった、とアリスは思った。


プロヴァンスの旅が終わり、パリに帰ると大きな問題が発覚した。

撮影したフィルムの多くが使い物にならないことが分かったのだ。放電現象によるもの、と説明されたが、真実はわからない。アナトールがいても同じことが起きただろうか。

何本かは無事だったものの、『ミレイユ』は未完成に終わった。

告白

「失われたものを嘆いても仕方がない」

時には強引だが、ゴーモンの判断は冷静で合理的だ。

「それよりも、ドイツに行ってくれないか。クロノフォンの専門家を寄こしてほしいとのクライアントの要望がある」

「私で役に立つのでしょうか」とアリス。

「私はどうしてもパリにいなくてはならない用がある。きみに任せる」

ドイツ支社は、ハーバートを支社長に立ち上げたばかり。クロノフォン普及に躍起となっていた。操作は技術を要する上、クレームを持つ顧客に対応するには営業力も求められる。

「フランス語なら何とかなりますが、私はドイツ語を話せません」

「ハーバート・ブラシェがいる。彼に通訳させればいい」

スペイン撮影旅行でもそうだったが、またも男性と二人だけの旅だ。非常識とも言えるゴーモンの指示だったが、見方を変えれば、女性だからと特別扱いしない究極の平等主義でもあった。

ハーバートと共に、アリスはドイツ各地のクライアントを訪問した。ベルリン、ドレスデン、ニユルンベルグ、フランクフルト、ケルン。

晩秋の街、ライン川沿いの街の木々が色づいている。

「あなたの通訳のおかげね。どのクライアントも感じよく接してくれて理解がある」

「あなたの言うことをそのまま伝えているだけです」

通訳とは、単に言葉を置き換える技術ではない。千の言葉を尽くしても通じない時は通じない。二人の間の良好なコミュニケーションが、円滑な市場開拓に結びついた。


ドイツ各地でクロノフォンの販売が順調に進んだ。

「ニームでの最後の夜に二人で出かけませんか」とハーバートはあの時言ったのだ。フラミンゴを見た夕暮れのことだった。

それは実現しなかったが、こうしてドイツを二人で旅することになった。古都ドレスデンのラベ川のほとりを二人は歩いていた。ちょうどアナトールとコルドヴァの河畔を歩いた時のように。

「初めて会った時、なんて近づきにくい人だと思ったんだ」

「そうだったの」

「まるで女王様だった」

「私は女よ。もう若くはないけど年寄りでもない。男性ばかりの現場では堂々と見えないといけないの」

「たいへんな仕事だ」

「そうでもないわ。ただ、ちょっと疲れるだけ」

「ぼくにできる事なら、何でも手伝おう」

〈頑張らなくてもいいよ〉とアリスには聞こえる。

自分が二十歳の娘に戻った気がした。

ドイツでの仕事の終わりにその時が来た。

「どうか、ずっとぼくと一緒にいてほしい」

「あなた……」

「生涯をあなたと共に過ごしたい。パリに戻ったら両親に会ってほしいんだ」

「すぐには無理だわ。考える時間が必要よ」

「どうして無理なの？」

そういえば、どうして無理なのだろう。端正な面差しのハーバートの申し出に、若い女性なら誰しも心が動くに違いない。

しかし私のプリンス・チャーミングは、夢中でやってきたこの仕事ではなかったか。

「私はあなたより九歳も年上よ」

「あなたじゃないとだめなんだ」

ハーバートを拒む理由はいくつもあるが、全てが理由にならないように思えた。

その年のクリスマスに二人は婚約を公にした。

ついこの間まで、アリスは自分が結婚するとは思っていなかった。

第五章　アメリカへ

結婚

「ハーバート・ブラシェ?」

火を点けようとしたシガレットをゴーモンは危うく落としかけた。

「そうか」

ゴーモン社設立以来、マドモアゼル・ギイがそこにいた。彼女なしにゴーモン社の映画はなかったかもしれない。そのギイが結婚して幸せになれるなら、それに越したことはない。

ゴーモンの経営者としての価値観を裏打ちするのは家父長制社会だ。時には強引なリーダーシップを発揮するが、従業員には責任を持つべきだと考えていた。

ゴーモンにとってアリスの結婚は、嫁ぎ遅れた長女に結婚話が降ってわいたようなものだったのかもしれない。気がつくと、この長女が右腕になって一家を背負って立っていた。彼女がいなくなると、会社はどうなるのだろう。

フランス映画界はゴーモン社とパテ社の二社がシェアを分けていた。ずっと離れて三位にメリエスのスターフィルム社が続く。

パテ社を率いるシャルルは、レオン・ゴーモンと同年だ。

機械技術を追求するゴーモンに対し、シャルルが求めたのは利益だった。

フィルムを売るよりはレンタルするのが合理的に利益を獲得できる。いち早くこれに気がついて実行したのもシャルル・パテだ。経営手腕に長けている。

良きライバルだが、ビジネスの世界は厳しい。隙を見せるとシェアをさらわれる。

ゴーモンはゆっくりと煙を吐き出した。

「驚いた。しかし、その時が来たのだね。心から嬉しく思うよ」

「ありがとうございます」

「きみの代わりになる人物を何とかしなくてはならない」

「ルイ・フイヤードが活躍することでしょう。才能ある人です。製作にはジャッセもアノーもいます。事務的なことはイヴォンヌが引き継ぎます」

「で、君たち二人の予定は？」

「それは……」具体的なことはまだ何も決まっていない。

ハーバートの手紙が昨日も届いたばかりだった。

〈毎日きみの夢を見る〉

ベルリンが地の果てのように感じられた。映画の脚本は何本も書いてきた。しかし自分のシナリオは空白だ。結婚すればベルリンに住むことになるのだろうか。

「それは、これから考えるところです」

「実は、ブラシェ君にはクリーヴランドに行ってもらおうと考えている」

「クリーヴランド？」

「オハイオ州だ。クロノフォンを使いたい人がいる。英語が堪能な人物が必要なのだ」

ゴーモンは、クロノフォンの販路をアメリカに広げようとしていた。

「結婚すれば、きみも一緒に行くことになる」

ドイツのクライアントを訪ねたのは、ほんの数カ月前のことだ。ハーバートは通訳だった。

南フランスでは、見習い同然のハーバートにクロノフォンの扱いを教えた。

自分はこのスタジオを去る。そして、彼はアメリカでクロノフォンの販路開拓をする。

アリスは胸の奥に小さな錘（おも）りが沈んでゆくのを感じた。

この時のアリスの問題を二十一世紀の私たちなら容易に理解できる。しかし、当時のアリスはどう理解したのだろうか。十九世紀の価値観で育ち、働く女性となり、今は映画を作る仕事を任されていたアリスだった。

前章で述べたように、当時のブルジョワジー女性は結婚するために存在していた。女性に市民権はなく、主婦になる以外の道は閉ざされたていたも同然だった。

聡明なアリスも、問題の本質を言葉で表現することができなかった。「フェミニズム」という概念がないところには、その言葉も存在しない。当時「フェミニズム」とは軟弱な男性を指す場合に使われた。

次の週末、丸一日かけて、ハーバートがベルリンからパリへやって来た。

「アメリカ行きはムシュ・ゴーモンのプレゼントだよ」

「確かにそうね。これはチャンスなのかもしれない」

「で、三月のニューヨーク行きの船便にしようと思う」

「それじゃあ、あと二カ月もないじゃないの！」

あわてたのは母親のマリだった。

「何ですって、アメリカへ？」

「ムシュ・ゴーモンのお考えよ。ハーバートも乗り気なの」

「急いで支度をしなくては」

別れを嘆いている時間はなかった。

衣装やリネン類など、海の向こうへ旅立つ娘に持たせたいものが山とある。

式を数日後に控えたある夜、アリスは母に告白した。

「結婚するというのに、何だか塞いだ気持ちになるの」

「あなたは外国人と結婚して知らない国に行くの。それは当然。でもね、これも与えられた道なのよ」

結婚後、マリも同じく異国へ旅立った。親に従い、夫に従い、与えられたものを受け入れてきた。


周囲の反応はさまざまだった。

「あなたが結婚するなんて」

『キャベツ畑の妖精』に出演して以来、いつもアリスのそばにいたイヴォンヌは嘆いた。

「あなただって結婚したじゃないの」

イヴォンヌは、アリスの助手エチエンヌ・アノーと結婚して今はアノー夫人となっている。

「あなたは私とは違うと思うの」

アナトールはそっけなかった。

「じゃあ、俺は誰のカメラを回すのさ?」

アリスの映画でカメラを回すのはいつもアナトールだった。手探りの実験さながらの撮影は、アナトールと二人三脚だった。逆風にめげそうな時、さりげなく受け止めてくれたのも、支えてくれたのも、アナトールだった。彼にその自覚はないだろうが。

表に立つことのない大きな支え、彼のような好人物に出会うことはもうないだろう。

「これからはムシュ・フイヤードを助けてあげて」

そのフイヤードは声を落とした。

「一緒に続けたかったですね。あなたに教わることがもっとあったはずだ」

丸眼鏡の奥の瞳が翳るのを、イヴォンヌは見逃さなかった。

フイヤードには病身の妻がいる。別れて暮らして何年にもなると聞いている。

もしも、とイヴォンヌは思わずにいられない。もしもフイヤードに妻がいなければ、アリスはハーバートと親密な関係になっただろうか。二人の波長が合う様や、響き合う呼吸のリズムは傍目から見ていても愉快だった。

「あなたには才能があるわ。脚本も書けるし監督もできる」

アリスは後任にフイヤードを推した。

ゴーモン社には芸術担当のアンリ・メネシエやヴィクトリン・ジャッセもいた。

二十世紀初頭のゴーモン映画の芸術性は注目に値すると言われる。全てアリスの演出によるもので、アリスの下で美術や衣装デザインを担当したのがメネシエやジャッセだった。

「お母様には、しばらくビュット・ショーモンに住み続けてもらおう」ゴーモンは言った。

そのゴーモンをも包む大きな傘のような存在がギュスタフ・エッフェルだった。この人たちがいたから、今の自分がある。

別れを思うと身がすくんだ。

フォトグラフィ商会を訪れたあの面接の日から十二年が経っていた。

一九〇七年三月六日、アリスはハーバート・ブラシェと内輪だけの結婚式を挙げ、数日後にニューヨークへ出発した。アリス三十三歳、ハーバート二十四歳、未知の国への旅立ちだった。

「これから考えればいいの」と母は言った。

チリに渡った時の母は十六歳、自分はその二倍の年齢ではないか。

船が沖に出ると、ハーバートがアリスを引き寄せた。

「やっと二人になれた」

旅行社に勤めるハーバートの兄が特等室を手配してくれていた。

マクマハンの『アリス・ギイーブラシェ』の巻末資料によると、ゴーモン社で作ったとされるアリスの映画は六七三本、フォノセーヌは五六二本にのぼる。その多くは現存しない。

クリーブランド、オハイオ

タイムズスクエアの駅からどっと人々が吐き出されてきた。街全体がうなり声を上げているように思えた。パリとは比べ物にならないニューヨークの喧騒だ。一体、みんなどこへ行くのか。

「こんなにたくさん人がいるわ。何か事件があったの？」

「仕事を終えて、みんなが家に帰る時間なんだよ」

「革命でも起きたのかと思ったわ」

「ここでは革命は起きないさ」

人々が話しているのは英語のはずだが、ハーバートの英語とは違って聞こえる。何と書かれているのか、看板に書かれた言葉もアリスは理解できない。途方もないところに来たと思った。

「船旅の疲れも残っている。そろそろホテルに戻ろう」

何をするにもハーバートが頼りだった。

観光もそこそこに、翌日二人はシカゴ経由の列車でオハイオ州のクリーヴランドへ向かった。ニューヨークの西へ六五〇キロ、エリー湖南岸にあるアメリカ屈指の都市だ。

見渡す限りの平原というものがこの世にはある。飽きるほど走ると、ぽつりと人家が見えてくる。するとまもなく町。町を過ぎると再び果てしない平原が続く。忘れたころに次の町。永遠に同じ風景が繰り返されるかと思えた。

「どの町も同じに見える。食料品店に酒場、ホテルがある。ニューヨークとはずいぶん違うのね」

広い国土に広がる町の片隅に、ニッケルオデオンが加ろうとしていた。ニッケルは五セント硬貨、オデオンは劇場を意味する。二十五セントしていたものが、ここでは五セントで楽しめた。アメリカ人の多くは移民労働者だ。低賃金労働者にとって、ニッケルオデオンは安価な娯楽となった。

そんな映画館がアメリカで急増していた。

一九〇五年にペンシルベニア州ピッツバーグで誕生したニッケルオデオンは、五年後には全米で一万館に増える。

戸惑うことが多かった。

アリスがパリから持ってきた衣装や小物類は、美しくエレガントな工芸品だった。つややかな刺繍やビーズ細工が施されたポシェットにハンドバッグ。繊細なシフォンとはかないなげなレースで作られたドレス。母が用意してくれたオートクチュールのアフタヌーンドレスを広げて、アリスはパリの香りを胸に吸い込んだ。

いつの間にかパリのメゾンで洋服を誂えることができるようになっていた。しかし、どれもアメリカ中西部の街には似合わない。パリでは外出に欠かせない帽子と手袋もアメリカでは不要だった。実用的でシンプルな装いが好まれる。

「スカートを短くしたんだね。マダム・ブラシェ」ハーバートが仕事から帰ってきた。

「アメリカ流に仕立て直したの。どうかしら?」

「よく似合う。きみが笑うのを久しぶりに見たよ」

「郷に入っては郷に従え。私も英語を勉強しなくては」

渡航以来、沈みがちのアリスだったが、沈んでばかりはいられない。ここでの生活になじまなくてはならない。

クリーブランドでハーバートが見つけた住まいは、ユークリッド・アヴェニュー、「百万長者通り」の異名を持つ超高級住宅街だった。

「ハロゥ、ハウア、ユー?」

「ワゥワッ……」

よちよち歩きの男の子がアリスの英語に応えてくれた。通りの向かいに住む男性に連れられたその子は、のちのロックフェラー三世か、あるいは副大統領になった弟ネルソンの方だったかもしれない。アメリカの石油の九〇パーセントを支配した石油王の一族がその邸宅に住んでいた。

権力者エジソン

アメリカン・ドリーム。平等に与えられた機会を生かし、努力して成功すれば、巨大な富を得ることがアメリカでは可能だった。現実には決して平等な社会ではない。しかし多くの人が夢や目標を持てる国だった。

器用で才覚のある者は、その夢を発明によって実現しようとした。ほんの一つの発明でいい、発明品で特許を得れば莫大な富が手に入る。野心ある者は一攫千金を夢見た。

そんな発明家の代表がエジソンだ。彼の発明は人々の生活を変えた。蓄音機の発明で、コンサートに行かなくても音楽を楽しめるようになった。白熱灯は夜の生活を一変させた。奇想天外なアイデアと思われたものを、日常生活に次々と実現させてゆくエジソンを、人は「魔術師」と呼んだ。

そんな発明の王者エジソンだが、彼の発明品の多くは、彼一人が作ったものではない。知識ある者・技術ある者の多くがエジソンと同じことを考え、似たようなものを発明していた。学歴のないエジソンに高度の科学知識はなかった。エジソンより先に、同様のものが発明されていた場合が多々ある。これを発明王エジソンが実用化すると、「エジソン発明」の商品になった。商品を売るために意図的に「エジソン発明」と銘打った場合もある。

エジソンは、実用化以前の段階で特許を獲得し、それから完成に向かった。競争相手が手を出せない状態にして、時間を稼いで発明品を完成させたのだ。

白熱球にしても、多くの人が取り組み、その技術はエジソン以前に生まれていた。電球内のフィラメントの素材を選んで、長期使用に耐えるものにしたのがエジソンだった。その素材に日本の八幡の竹が選ばれた。

リュミエールのシネマトグラフに対抗したスクリーン映写式の映画「ヴァイタスコープ」は、トーマス・アルマとチャールズ・フランシス・ジェンキンスの発明によるものだった。彼らが特許をエジソンに売り、エジソンがこれを商業化したことで「エジソンのヴァイタスコープ」となって世に登場した。

世界初の映画とは何かを再考してみると、シネマトグラフ(一八九五年初公開)にしても、キネトスコープ(一八九三年初公開)にしても、フィルムに送り穴を開けるパーフォレーションのアイデアが発明に大きく関わっている。この送り穴の考案については第二章で触れたようにフランスのデムニーの功績が大きい。

エジソンはこのアイデアを、一八八〇年代にデムニーの師エチエンヌ・マレーから得ていたと言われる。マレーは、人間や動物の動きを解明するための連続写真「写真銃」を発明した。これで動物や人体の動きを視覚的に捉え、科学者として原理解明を試みたのだ。

マレーの助手デムニーは、この写真銃を改良してフォノスコープを発明する。商業化を考えてルイ・リュミエールにこれを見せた。

つまり、リュミエールのシネマトグラフは、デムニーのフォノスコープのアイデアを得て生まれたもので、デムニーのアイデアの根底には師マレーとの共同研究があった。同じ研究がエジソンのキネトスコープの発明を可能にした。さらに、アントワーヌ・リュミエールが息子たちにシネマトグラフを開発させたのは、エジソンのキネトスコープに触発された結果でもある。

こう考えると、キネトスコープとシネマトグラフの発明は、根底で繋がっていることがわかる。第三章の「アメリカのシネマトグラフ」で述べたように、シネマトグラフは、一八九六年にアメリカで大反響を呼んだものの、数カ月後には排除された。アメリカの貿易保護法がエジソンのヴァイタグラフに味方したのだ。

アリスたちがクリーブランドに到着したのは、それから十年後のことだった。

映画に関する特許のほぼ全てを手に入れていたエジソンがアメリカ映画を支配していた。映画の撮影、配給、映写は、エジソンに使用料や特許料を払うことなしにはできない仕組みだった。

エジソンが天才的発明家であることに間違いはない。しかしそれ以上に、彼は抜け目ない事業家であり権力者だった。

翌一九〇八年、エジソンはMPPC(モーション・ピクチャー・トラスト・カンパニー、別名エジソン・トラスト)を作り、アメリカ唯一のフィルム製造会社、イーストマン・コダック社を傘下に入れた。アメリカで映画を作るにはコダックのフィルムを使わなくてはならなくなった。

ＭＰＰＣトラストに所属せずにアメリカで映画を作ることは難しく、ＭＰＰＣに加盟できるのは資金ある大手映画会社だけだった。これに違反する、つまりＭＰＰＣの許可なくエジソンのカメラや映写機、フィルムを使って映画を作る者を、エジソンは探偵を雇って探り出し、見つけたその場で機械を没収破壊し、彼らを訴えた。

このエジソンの支配に対抗しようとした勇気ある者がいた。カール・レムリとアドルフ・ズコーだった。それぞれのちのパラマウント映画とユニバーサル映画の創設者となる。両者ともユダヤ系移民だ。レムリは貧しさから抜け出すため、ズコーは父親に乗船券と五十ドルを与えられて、十六歳の時にアメリカに渡った。

しかし、当時アメリカでユダヤ系移民がまともな職に就ける可能性は低かった。レムリは掃除夫を含めて職を転々とした後、ニッケルオデオンの経営を始める。ズコーもまた、いくつかの職を経験した挙句、やはりニッケルオデオンのチェーンを経営するようになっていた。

つまり、ニッケルオデオンの経営が社会的に認められた仕事ではなかったことを意味する。たたき上げの彼らは、エジソンの理不尽な行為に不満を持ち、果敢に挑戦した。そして作ったのがＭＰＣ（ムーヴィング・ピクチャー・カンパニー）という、ＭＰＰＣとは独立した組織だった。

ある日、ハーバートが帰るなり言った。

「ニッケルオデオンに行ってみたよ」

「どうだった?」

「画面はチラつく、フィルムの速度は不安定。椅子はガタついて座り心地が悪い、話に聞いてはいたけど、やっぱりひどい」

「そんなに?」

「暗闇の中でぴったり寄り添っている男女もいるんだ。きわどいものも見せている。ぼくたちが目指すものとは別物だ」

商店の外観を劇場風に改装して、急拵えの部屋に椅子を並べる。商店主にとっては手っ取り早く稼げる商売であり、専門の映写技師がいることは稀だった。ハーバートが訪れたような小屋が全国に多くあった。

つまり、リュミエールのアメリカ進出は挫折したものの、それから十年が過ぎても、アメリカ映画が進歩していたとは言いがたかった。質・量ともに世界をリードしていたのは、相変わらずフランス映画だった。

しかし、それは大きく変わろうとしていた。

「こうなる気がしていた」ハーバートは頭を抱えた。

クリーヴランドで九カ月が過ぎた時、ハーバートが協力していたクロノフォン出資者が破産した。

クロノフォンが軌道に乗らないまま、報酬が支払われることもなかった。アリスにはおおよそのことが分かる。二人でドイツを訪れ、クロノフォンの販売促進をしたのはつい昨年のことだ。

「クロノフォンには初期投資がかかる。その上、音の増幅や同時再生が難しいわ。そこを乗り越えるのがたいへんね」

「ムシュ・ゴーモンは、なぜこんなにクロノフォンにこだわるのだろう」

「何か方法はないのかしら」

仕事に困難はつきものだ。むしろ困難の先から仕事が始まる、とアリスは思う。状況を変えるには自分の動きを変えるしかない。

「これ以上ここにいても仕方がない。フラッシングに移ろう」

今のニューヨークのクイーンズ地区にゴーモンがクロノフォン撮影用のスタジオを構えていた。キネトスコープの全盛から、ニッケルオデオンの普及へと移り、アメリカの映画産業は右肩上がりだった。

再び映画を作る

「キャベツ畑のようにはゆかないの。体が裂けるかと思った」

「ははは、シモーヌが笑っているよ。ほうら、君にそっくりだ」

シモーヌを抱くハーバートの手がぎこちない。

「目があなたに似てる。子供ってこんな可愛いものなのね。この子のためなら何でもする」

一九〇八年九月、長女シモーヌが生まれた。

アリスが育ったフランスでは、子供の世話をするのは乳母や子守りだった。田舎に住む貧しい家庭の主婦は、子供を産むと新生児を家族に任せてパリに出て乳母や子守りになったという。雇い主は子守りにファッショナブルな身なりをさせて子供を散歩させた。乳母や子守りは収入のいい花形職業だったのだ。

しかしここはアメリカ、すでに十九世紀は過去となっていた。ベビーシッターの手も借りたが、アリスはできるだけシモーヌのそばにいるよう努めた。

シモーヌを連れての散歩でゴーモンのスタジオを通りがかる。スタジオはガランとしていて人影がない。クロノフォンが不振なため、使われていないことが多かった。

空っぽのスタジオを見ていると、アリスはたまらない気持ちになった。

後年アリスは次のように述べている。


「無為」という言葉がのしかかった。どんなものであれ無駄は大罪。無駄な時間を過ごすことが嫌で、それを避けることが私の行動指針だった。私には映画作りの経験があり、その全てを知り尽くしていた。そんな自分を活かせない、利用できる場がありながら使わないでいるのは

屈辱だった。(注9)

利用できるスタジオがあり、経験も能力もありながら、それを活かせない自分がいた。

『マダムの欲望』(Madame a des Envies)を作ったのは、結婚する少し前のことだった。主人公は妊婦特有の症状か、欲望(食欲)を抑えることができない。子供のキャンディーを取り上げる、カフェの客のリキュール酒を横取りする、物乞いから食べ物を取り上げ、行商人からタバコを奪っては吸う。欲しいと思ったらどうにも止まらない。最後にマダムは出産する。そしてやっとその欲望から解放されるのだった。

他愛のない喜劇だが、今の自分はまるであのマダムだ。どうしても止められない欲望がある。

「ママはやっぱり映画を作ることにするわ」

乳母車のシーモアにアリスは語りかけた。

それは理不尽な欲望だろうか。シーモアは母親ににっこり笑っていた。

一九一〇年、アリスはゴーモンに交渉してフラッシングのスタジオを買い取り、映画会社ソラックスを立ち上げた。持っていたゴーモン社の株を資金にあてた。以後現在に至るまで、スタジオ付きの自分の映画会社を持った女性映画監督はアリス・ギイの他に誰もいない。

ソラックス社の他にもチャンピオン社、フランスのエクレール社など、弱小の独立系映画会社が生まれていた。エジソンのMPPCトラストは、独立系の小さな映画会社の製作を見逃しはしたが、その代償に一定数の一巻ものの製作を要求した。「一巻もの」とは長さにして約十四分、フィルム一巻で終わる映画をいう。一巻ものの映画を四、五本合わせたプログラムが当時一般的な興行形態だった。映画を配給して上映するためにはエジソンの要求に従うしかない。

まずはソラックスが映画会社として世に認められることが必要だった。


「やったよ、アリス！」

ハーバートが、雑誌を手に息をはずませている。

〈もっとも美しい映画、これまでに見た最高の演出〉

アリスが監督した『ニュルンベルグのバイオリン職人』（The Violin make of Numberg）の映画評だった。長さは一巻ものの倍以上、ソラックス社初の長編映画だった。

「僕たちの映画がアメリカ一だという評価を受けたんだ」

「大げさだわ、ハーバート。それにこの私の写真、なんてひどく写ってるの」

一巻ものの映画は、三日あれば作ることができる。週に二、三本作ることができた。しかし三巻の長編となると話は別だ。一巻ものの三倍の日数で、というわけにはゆかない。

まず、物語を吟味する必要がある。よく知られた物語や小説など、しっかりした原典のあるものが望ましいとアリスは考える。準備や調査に時間をかけたい。俳優選びも重要だ。スタッフも多方面で必要となる。お金と時間がかかるクオリティの高い作品、それが長編だった。

「一巻物を多く作る方が利益になる」とハーバートは言う。

「当面の利益を考えると確かにそう。でも各社の映画の質が変わってきているし、見ている人も違いがわかるようになってきた。映画なら何でもいい時代ではなくなったのよ。質の高い長編が求められているの」

エジソンのMPPCトラストの規制と圧力により、ソラックスを含む弱小の独立系映画会社三社は相変わらず一巻ものを作らざるをえない。しかし、時代は長編映画へと向かっていた。

一九一二年六月、ムーヴィング・ピクチャー・ワールド誌に次のような記事が掲載された。


女性が男性に肩を並べるその時がやって来た。映画監督としても経営者としても力量ある女性が登場した。マダム・アリス・ブラシェ。女性らしさを損なうことなく、妻であり母でありながらプロフェッショナルな能力を発揮している。『ニュルンベルグのバイオリン職人』が高く評価されたことが記憶に新しいが、以来称賛を浴び続けている。ソラックス映画の芸術性と名演出は、その後『ミニヨン』へ受けつがれ、今回はオベールの『フラ・ディアヴォロ』が観る者を圧倒する。

撮影の休憩時間になると、アリスはスカートの裾を翻してシモーヌの様子を見に家に帰った。べビーシッターとメイドと話し、シモーヌの相手をして再びスタジオに戻る。

撮影の合間に映画のプランを練り、脚本を書き、監督や俳優志望者に会った。自らメガホンをとらない場合もあったが、そんな時も現場を訪れて細部に目を配った。

「何事も安全第一にお願いします。救出シーンは要注意よ」

「最高の調教師と馬を選んでいますから」

「ヒーロー役にはトレーニングで筋力をつけてもらうことも必要ね」

「女優には体重を落としてもらいましょう」

「事故が起きないように細心の注意をするのよ」

ヒロインが馬上のヒーローにすがりついて崖を駆け下りるシーンだった。スタントを使うことがなかった当時、撮る方も撮られる方も真剣勝負だ。大衆に求められた西部劇をアリスは数多く撮った。

迫力ある撮影が成功すると、スタッフと達成感を共有する。そのムードが次の撮影の成功へとつながった。

一日の撮影が終わると、アリスは全員に翌日の予定を伝えて確認する。

パリで『キャベツ畑の妖精』を作った当時のように時間に追われた。あの時は、家に帰ると母親があたたかい食事を作って待っていてくれ、休めば良かった。今はそんなわけにはゆかない。

アリスがアメリカで製作した映画は、二百本近くになろうとしていた。

ある日、メイドがアリスに告げた。

「フランス人のお客様がお見えです」

「ボンジュール、マダッム」

聞き覚えのあるアクセントだ。

「あなたアンリじゃないの。どうしてここに?」

ゴーモン社の芸術監督だったアンリ・メネシエがそこにいるではないか。

「マダム・ブラシェのお役に立てるかと思ってさ」

放浪癖のある男だとは思っていたが、これには驚いた。

「まあ、相変わらずね。まさに今ここであなたが必要なの。それがどうしてわかったの? すぐにわが社の社員になってちょうだい」

「仰せのままに、マダム」

芸術監督メネシエがソラックスの製作チームに加わった。心強いことだった。

フォートリー

「ぼくたちもそろそろフォートリーに移る時だ」

「このスタジオではもう間に合わなくなってきたわね」

フランスから来たエクレール社がフォートリーにスタジオを構えた。ゴーモンでアリスのアシスタントだったヴィクトリン・ジャッセがエクレールで映画を撮るという。

ニューヨークのマンハッタンからハドソン川を渡ると、そこはニュージャージー州。北がフォートリーだ。ビーチや崖だけではなく、ロケ地に適したさまざまな景観へのアクセスが良かった。西部劇におあつらえ向きの岩山があり、足を伸ばせばアディロンダックの山岳地やコネチカットの牧場もある。地価が安い上、ニューヨークからはフェリーと車で通うこともできた。

一九〇七年、西部劇を主力としていたカレム社がフォートリーに居を構えたのを皮切りに、D・W・グリフィス率るバイオグラフ社もフォートリーにスタジオを構えた。

エジソンのブラック・マリア

エジソンが放つ調査員たち、規制破りを見張る者たちから逃れるためにも、映画会社はニューヨークを離れた。フォートリーではなく、カリフォルニアへ移った場合もある。

フォートリーとハリウッドは、ほぼ同時期に映画会社の目指す地となったが、ハリウッド繁栄の前に、フォートリー繁栄の時代があったことを忘れてはならない。何と言ってもフォートリーはニューヨークに近かったのだ。

チャンピオン、ヴィクター、フォックス、セルズニック、ゴールドウィン、ユニバーサル……。最盛期にはこれらのスタジオがフォートリーの目抜通りに軒を連ねた。

アメリカ初のスタジオ、ブラック・マリアが作られたのはフォートリーに近いウエストオレンジだ。トマス・エジソンの研究所がそこにあった。フォートリー繁栄の約二十年前のことだ。

ブラック・マリアは、黒いタール紙で覆われた回転式の空間で、太陽光を取り入れるために天井部分は開閉式だった。この空間の中で、ダンサー、奇術師、拳闘家らのパフォーマンスが撮影された。それがキネトスコープに映され、その後ニッケルオデオンのスクリーンに再利用された。その形状から、囚人護送車を指す「ブラック・マリア」と呼ばれた。

建設中のソラックススタジオ

エジソンは一九〇一年にはスタジオをウエストオレンジからニューヨークのマンハッタンに移している。

そのフォートリーに、アリスは土地を買った。一九一二年秋、ソラックスのスタジオがフォートリーに完成した。

「ほう、これは」

取材に訪れた記者が歓声を上げた。

建物のレイアウトはアリスとハーバートで考えた。

俳優もスタッフも働きやすい、無駄なく心地よい空間にしたい。

「こうすれば俳優たちが、控え室から衣装部屋、撮影室へと移動しやすいわ」

機能的な最新式スタジオが生まれた。

隣接するフィルム加工場は一日六千フィート(二万メートル弱)のフィルム処理能力を持つ。一階にソラックス本社が入り、建物周辺には撮影用の店舗や街並みも作った。

「ここは天国ね」

ソラックスの看板女優ブランシュ・コーンウォルが、取材の記者に満足そうな笑顔を見せた。

ディック・ウィッティントンと猫

アリスは長編映画の題材を古典や文学に求めた。

ディック・ウィッティントンの出世物語は、実在のロンドン市長をモデルにしたもので、劇や詩になり、絵本にもなっている。

「ロンドンの演劇に詳しい人がいるから、会って話を聞いてくるわ」

「そこまでしなくてもいいのじゃないか」とハーバートは言う。

「必要な準備だわ。飢えに苦しむ孤児のお話よ。ニューヨークにもこんな子供がたくさんいる」

「真面目なテーマよりも、面白くなくては。映画を見に来るのはインテリとは限らない」

「時間とお金をかけなければ、良いものはできないわ」

フォートリーに移ってから、ハーバートが積極的に製作に関わり始めた。二人は額を寄せて話し合うことが多くなった。

一九一二年、ブラシェ家に長男レジナルドが誕生する。

「大丈夫？」

「大丈夫さ。いくら監督でも女のきみに任せるわけにはいかない」

ハドソン川での撮影準備は万端だった。

『ディック・ウィティントンと猫』(Dick Whittington and His Cat)では、船の炎上シーンがある。ダイナマイトで船を爆破させるのが今日の撮影のハイライトだ。

「こればかりは女性には向いていない。君たちは冷静でいられない人種だからね」

廃船を手に入れ、堂々たる帆船に仕立ててハドソン川の向こう岸に停泊させた。ハーバートがダイナマイトの導火線に着火する役目を買って出た。

カメラマンや取材の記者たちと共に、アリスはこちらの岸にいる。

合図を送った。カメラを回す。向こう岸からの合図がない。

風の強い日だった。ハーバートのマッチの火が消えてしまう。一度、二度。何度やっても導火線の火が風にかき消されてしまった。

「ええい、面倒だ」ハーバートはダイナマイトに近づいてマッチを投げ込んだ。

天を衝く轟音と共に船は吹っ飛び、もうもうたる煙と炎がふくれあがった。破片が舞い降りる様子は迫力あるスペクタクルだ。すべてフィルムに収めることができた。これで良し。

「カーット！」

しかし、ハーバートの姿が見えない。

「ハーバート！」

アリスの顔色が変わったその時、岸辺近くにハーバートの姿が見えた。自力で小舟に乗り移っている。

「ああ、よかった。どうなることかと思ったわ」

取材の記者たちが歓声と共に拍手を送った。次号の誌面はこの記事で盛り上がろうというものだ。ただ、向こう岸に着いたハーバートは、意識を失って近くのカフェに運ばれていた。

顔と腕に数週間の大火傷を負った。

「お願いだから、向こう見ずな事はしないで」

「迫力あるシーンになっただろう」

病院のベッドで夫は強がる。

「冷静でいられない人種は果たして女性のほうかしら」

『ディック・ウィティントンと猫』は大成功だった。

「前代未聞！」

「中世をリアルに再現した」

「冒険に次ぐ冒険物語」

「これぞ映画の真髄」

メディアが褒めたたえた。

この映画をイタリア映画『クオ・ヴァディス』（一九一二年）と比べる批評家がいた。

ローマ時代の歴史劇『クオ・ヴァディス』は、ノーベル賞受賞作家の原作を映画化したものだ。

エキストラ数千人にライオンも動員し、大火災のシーンもあるこの映画に、観客は圧倒された。

「映画だからこそできること」と評価され、映画史上注目される作品となった。

その『クオ・ヴァディス』と『ディック・ウィティントンと猫』が並び称された。

衣装や背景など、美的側面にアリスの思いを実現させたこの映画を研究者は高く評価する。

第六章　ソラックス社

「わたしは男の子なんかじゃないもん」

マグダが口をとがらせて頬をぷっくり膨らませた。

「なのに、ミスター・カークもミスター・カーも、わたしのことをビリイって呼ぶの」

「それはいけないわね、あなたはれっきとした女の子ですもの」

「そうなの、れっきとしてるの。ひどいわ」

「注意して、お仕置きしておきましょう。だから許してあげて」

小さな両手を取ってそう言うと、アリスは髪のリボンを直してやった。

マグダ・フォイ七歳。ソラックスの第一作『人形』(A Child's Sacrifice) 以来のアリスのお抱え子役だ。前年の『落葉』(Falling Leaves 一九一二年)にも出演した。

〈お気の毒ですが、木の葉が散り果てるまでの命でしょう〉

『落葉』のマグダ・フォイとメイス・グリーンリーフ

画家が描いた木の葉は散らずに残り、病人に生きる希望をもたらした。オー・ヘンリー原作の『最後の一葉』だ。アリスの『落葉』では、木の葉を枝に留めようと幼い妹が知恵を絞る。

病の姉をマリオン・スウェイン、両親をダーウィン・カーとブランシュ・コーンウォルが演じた。いずれもソラックスの専属俳優だ。病人の救いの主となり、ロマンスの相手ともなる医師は、ブロードウェイ出身の二枚目俳優メイス・グリーンリーフが演じた。グリーンリーフはこの映画の公開後まもなく死亡した。肺病専門医を演じていながら、皮肉にも肺炎で急逝したのだ。

スター俳優ビリー・カークやダーウィン・カーが、それをからかったのだろう。

マグダはしばしば男の子も演じた。

「くれぐれとお願いよ、マダム・ブラシェ」言葉は達者だが、おぼつかないところがある。

「大丈夫。ちゃんと注意しておくわ。それでいい？」

「うん、それでいいわ」

「ところで今日はシモーヌがスタジオに来るの。遊んであげてくれないかしら」

「いいわよ、もちろん」

子守りに連れられて、アリスの娘シモーヌが時折スタジオにやってくる。時には子役で出演することもあった。大人ばかりのスタジオで、シモーヌと遊ぶのがマグダの楽しみだった。スキップで母親の元へ戻ってゆくマグダと入れ替わりにエミリーが入って来た。フォートリーで新しく雇った秘書だ。

「フォーマンさんがお見えです」

「面接の時間だったわね。お通しして」

映画はもはや一演芸場の演し物ではないとはいえ、映画館に眉をひそめる人は多く、子供が映画館に行くことを禁じる親は多い。

職業としての映画は、学位をもつ若者が選ぶものでは決してない。それでも、このところソラックスには働きたいという者が、ひきも切らずやってきた。この時代のソラックスとアリスについての次のような記述が残っている。

和やかで明るいムード、といった表面的なことだけではない。仕事はスムーズに整然と進められる。ちり一つ落ちていない敷地に、せかせか苛立つ者は誰もいない。仕事をするには最高の場所だ。背後にあるのは経営者の人柄だ。

（ムーヴィング・ピクチャー・ワールド誌、一九一三年三月一日号）

マダム・ブラシェは忙しく立ち回ったが、これ見よがしで押し付けがましいところは少しもなかった。「ノー」を言う場合も笑顔を絶やさない。

彼女の指示は、いつも速やかに実行された。恐れられていたからではない。敬愛されていたからだ。褒め言葉に慢心することなく、批判に耳を傾け、過ちは冷静に認めた。ビジネスの世界で多くの男性が犯す過ちを、彼女は犯さなかった。

「あなたの成功の秘訣は何だと考えますか?」と問うと、私を見据えてマダム・ブラシェは肩をすくめた。そのようなことはまるで意識していないようだった。[注10]

ソラックスのトレードマークは日の出がモチーフ。旭日旗(きょくじつき)にも似たデザインだ。光線を放つ太陽のように、アリスはソラックスの中心にいた。あらゆる事案がアリスの決断で進められ、それが円滑に機能し、そしてそれを誰もが認めていた

面接に来た男は饒舌だった。

「今は何をも映画に撮るべき時です。私の理想をお話しましょう」

五分も話すとアリスの心は決まった。今ここで必要なのは、すぐに現場で役に立つ人物だ。彼の映画論に耳を傾けている時ではなかった。

「スタジオを見学してみませんか?」そうすれば自分に求められているものを理解することだろう。あとは彼の行動にまかせてみよう。

気忙しいノックの音がした。

「監督と調教師が至急来ていただきたいと」

撮影中のスタジオからの使いだった。新作『ジャングルの獣』(Beasts of the Jungle)の撮影が始まろうとしていた。野生のトラと少女が心を通わせる物語だ。今日はトラがスタジオに運ばれてきている。

「ネコのように大人しい」と調教師は請け合ったが、それでも三百キロ近い猛獣だ。主演女優ヴィニー・バーンズがおじ気づいたに違いない。まだ少女なのだから無理もない。私が何とかしなくては。

ソラックス社のロゴ

立ちあがり際にエミリーが再びやってきた。

「明日のスケジュールです」

明日は刑務所を見学することになっている。監獄のシーンを撮影するための調査だ。

若さにあふれた秘書は、仕事を始めた頃の自分を思い出させる。

「あなたもいらっしゃらない? 楽しい場所ではないでしょうが、きっと何かの役に立つわ」

「お供します、マダム・ブラシェ。それから、ブロードウェイの劇場から脚本について問い合わせがありました」

シンシン刑務所では電気椅子に座ってみたアリスだったが、それは恐ろしくも忘れがたい経験となった。

実際にその場所を訪れ、本物に触れるということが、アリスの映画作りには何よりも大切だった。

「アイルランドから取り寄せた小道具類が届きました」

「新作についてのインタビュー依頼ですが」

「主演女優が衣装を見ていただきたいと」

エキストラから主演俳優まで、当時衣装は出演者が用意することになっていた。彼らがどんな衣装を用意してくるのか、必要に応じてチェックする。

アリスと虎のプリンセス

朝の九時から夕刻までこんな調子だ。絶えずだれかがアリスを必要としている。これでは体が十あっても足りないとアリスは思った。

家に帰ると、シモーヌとレジナルドが待っている。心安らぐ時間だ。

「ママ、明日もスタジオでマグダと遊ぶ」

「さあ、どうかしら。ママは明日、スタジオにいないのよ」

「パパは？」

今夜ハーバートは出かけたらしい。

シモーヌとレジナルドの寝顔を見ているうちに、アリスはいつの間にか眠りに落ちていた。

ターニングポイント

「やっとクロノフォンから解放された。今後はソラックスの経営に集中する」

ハーバートのゴーモン社との契約が切れた。

パリのゴーモンはハーバートへの失望を隠そうとしない。アメリカに送り出して六年、クロノフォン事業の成果が一向にない。ハーバートの積極的な姿勢すらゴーモンには見えてこなかった。

フランスの映画会社として、アメリカ市場でもゴーモン社はパテ社に大きく水をあけられていた。

「騙されていたのではないか」とゴーモンはハーバートに不信を募らせた。

この時、アリスからゴーモンに宛てた手紙が残っている。


私の夫にビジネスの才能があるとは言えないかもしれません。それは認めます。

けれども彼は決して人を欺いたり嘘をついたりする人ではありません。私が保証します。どうかそれは信じてください。

「ソラックスをきみ一人に任せておくわけにはゆかない」

爆破シーンで大火傷を負い、療養から復帰したハーバートが言った。

『ディック・ウィッティントンと猫』は大成功だったが、長編の製作に乗り出しているのはどの映画会社も同様だ。競争が激しくなる一方、映画人口も驚異的に伸びていた。

〈男の自分がリーダーシップを発揮しなくては〉

ソラックスのトップに就くべきは自分だとハーバートは考えた。

「ぼくがソラックスの最高責任者になろう。その方がきみも製作に集中できるだろう」

アリスはあっさり社長の座を譲った。しかし、内心はどのように考えていたのだろうか。映画製作の手腕にしても経済力にしても、ハーバートはアリスにはとても敵わなかったはずだ。

社長交代によって、何かが大きく変わるであろうことを、アリスが予想しなかったとは思えない。


「経営会議だが、きみは出席しなくてもいいよ」とハーバート。

「ぼくの責任下だ。きみは映画製作に打ち込めばいい。それに……」

「それに?」

「それに、きみがいると気楽にタバコを吹かせないと連中が言うんだ」

〝連中〟とは配給会社セイルス社の役員たちのことだ。彼らを交えて製作の重要事項を決めてゆく。

アリスも大いに関係する会議のはずだった。

「タバコ?」

タバコが流行り始めた頃とはいえ、会議中の喫煙など何の問題にならなかった時代だ。

「きみがいては、腹を割った議論がやりにくいらしい」

アリスの回想録に記されたこの会話からわかることは、まず、配給会社の者やソラックスの重役たちが全て男性であったこと、彼らにアリスは一目置かれていたこと。そして、ハーバートはそこからアリスを締め出そうとした、ということだ。ソラックスはアリスの会社だったにもかかわらず。たとえ特殊な場合でも、女性は〝領域外〟にいるべきだと考える男がいることを、アリスは知っていた。地位やタイトルにこだわる男ほど、その〝領分〟を女性が侵すことを面白く思わない。嫉妬という感情は、社会的地位が絡むほどに厄介だ。ゴーモン時代、ルネ・デコーにアリスは散々嫌がらせをされていた。

この時のハーバートに、デコーに似た感情はなかっただろうか。鋭敏なアリスがそれに気づかなかったのだろうか。しかしハーバートは仕事のパートナーであり、夫だった。これまでも。これからも。

居るべきではない場所に女性が居る。ホモソーシャルな社会通念に、アリスがさほどの疑問を持たなかったとしても不思議ではない。

「私はあなたと家でゆっくり話し合えるわね」とアリスは答えた。

ソラックスは長編の発表を続けた。

『ディック・ウィティントン』に続いて、『エメラルド島から来たケリー』(Kelly from the Emerald Island)『ムーア人ブレナン』(Brenan of the Moor)『落とし穴と振り子』(Pit And Pendulum)と。

一九一三年はソラックスが頂点にある年だった。

「マダム・ブラシェはこちらには?」

社長室にムーヴィング・ピクチャー・ワールド誌の記者がやってきた。

「ここにはいません。今日はロケで出かけています」とハーバートが答えた。

「ソラックス社の今後についてお話を伺いたいのですが」

だれもがアリスを追いかける。社長室にやってきて「マダム・ブラシェは?」とは失礼な男だ。

私が社長であることを発表したのは先週のことではないか。

「社長は私です。お答えしましょう」

ハーバートは、ヒュミドールから葉巻を一本取り出した。

「あなたもいかがです?」

「ありがとうございます。でも先にお話を伺うことにします」

「ソラックスの今後については、先日発表した通りです」ハーバートはソファに身を沈めた。

「エドワード・ウォレン監督がソラックスを去る、とのことですが」

「フラッシング時代から、エディはよくやってくれました。しかし長編映画が主流になると、会社のシステムも変えてゆかねばなりません。今後、製作と監督は妻と私とで行います。大まかにはこれまでと変わりありません」

フラッシングでソラックスを創設した当初、アリスはアシスタントを雇って、彼らを指導することから始めた。ゴーモン時代のアナトールのような存在が必要だった。彼らは、アリスの指導のもとで監督も行うようになる。映画が短編から長編へと変わるにつれて、製作、監督、カメラマンの役割が区別されるようになっていった。アリスがソラックスを立ち上げた当初は、それぞれの仕事の区別や範囲がいまだ明確でなかった。脚本、演出、撮影、衣装、美術、キャストなど、ソラックス社では全てをアリスの判断のもとで行っていた。

ヴィクトール・バシーとアリソン・マクマハンの著作から判断すると、フォートリーへの移転後しばらく、誰が監督したのかが曖昧なソラックス長編作品が何本かある。マダム・ブラシェ監督、とされた作品が実はエドワード・ウォレン監督によるものだったり、ウォレン監督とされた作品が実はハーバート・ブラシェによるものだった、とアリス自身が後年語っている。

ハーバート・ブラシェ

ゴーモン社の契約下にあったハーバートは、表立ってソラックス映画を監督することはできなかったので、監督名を変えて発表した可能性がある。また当時は、監督・脚本・製作・撮影それぞれの仕事が現在ほど独立していなかった上、フィルムを保存しておく習慣もなかった。こうした事情が作品の監督名を特定しにくくしている。

アリスが監督したと断定できる完全な形での長編映画は現存しない。このため、監督を特定することはいっそう難しい。もちろん、これはアリス・ギイの映画に限ったことではない。当時の映画のフィルムの多くについて同じ事が言える。

ハーバートへの記者の質問が続く。

「ソラックス経営難の噂を聞きました」

「無責任な話でしょう。根も葉もない噂を好む人がいますからね」

あっさりかわしたつもりだが、経営難は事実だった。スタジオ建設時の借入金が残ったままで、長編映画の製作には出費が嵩んだ。無駄な出費は好まないが、必要な時には出資を惜しまないアリスだ。

一方、ハーバートはアリスよりも大胆だった。

ある先物買いについての、とっておきの情報が入った。投資は数カ月で大きな利益を生むことが確実だった。膨らみつつある赤字が解消される。問題ないとハーバートは考えている。

「それよりも、問題は長編が求められているのに対して製作が追いついていないことです。これに応えるために、新会社を作ります」

「ソラックスとは別の会社ですか？」

「その通り。二つの会社を私が主導します。ご存じのように、私の妻は大変優秀な映画監督です。二人協力してクオリティの高い長編製作に力を注ぎます」

「新しい会社はソラックスとはどう違うのですか？」

違いなどない。新会社はソラックスの赤字転嫁のためのダミーのようなものなのだから。

ハーバートには早急なところがある。結果を見通さずに見切り発車する傾向があった。

『ディック・ウィッティントン』の爆破シーンで、ダイナマイトに着火して大火傷を負ったように、一か八かの素早い決断は、無計画な行き当たりばったりの決断となることがある。

投機も新会社も現実的ビジョンに基づかない解決策であることを、ソラックス社の財務担当ジョージ・マジーも、ハーバートに忠告することができなかった。

「これからは長編映画に力を入れ、古典劇も現代劇も作ってゆきます」

「なるほど」

ハーバートの葉巻を味わうことなく、記者は帰っていった。

暗雲

ソラックスの財政が好転することはなかった。ハーバートの投資が暴落したのだ。

その夏、監督エドワード・ウォレンが去り、秋には契約の切れたダーウィン・カーがソラックスを去って行った。

「あなたとはずいぶんたくさん撮ったわね」

「ここに来る前、あだっぽい女の監督だと聞いて、心が騒いだよ」

とカーは軽口をたたく。

「まあ、よく言うわね」

「何度もダメ出しされて嫌になったよ」

「舞台の演技を忘れてもらう必要があったのよ」

最初期の映画俳優の多くは、舞台出身だ。舞台上と同じ演技では、スクリーンではいかにも大げさだった。自然な演技をアリスは何よりも求めた。

ソラックスのスタジオには、『Be Natural』(自然に)という標語が掲げられていた。

「それにしても、ネズミには参った」カーは顔をしかめる。

「ネズミに負けたのね」とアリスは笑う。

「ははは、それはない。ただ、ちょっとした経験だった」

エドガー・アラン・ポー原作の『落とし穴と振り子』(Pit And Pendulum)が前週公開されたばかりだった。

卑劣な恋敵がでっち上げた罪で、主人公が尋問を受け、冷酷な拷問の末ついに罪を認めてしまう。扮するダーウィン・カーが台の上に縛り付けられると、振り子が上から降りてくる。巨大な刃物が左右に振れて罪人を切り裂くという、残酷極まりない刑だ。

あわや、という瞬間、救いの主のネズミたちがロープを食いちぎり、主人公は危機を逃れる。ロープはネズミの餌で精巧に作られていた。美術監督メネシエの案だ。『下水道』(The Sewer 一九一二年)以来、ネズミが登場するおどろおどろしい美術背景が独特の効果を生んでいた。困ったことに、『落とし穴と振り子』のネズミたちは、ロープの餌に飽き足らなかった。ロープを食い尽くすと、カーの鼻の穴やら衣服の中やらを嗅ぎ回った。

「もうたくさんだっ!」

逃げ出したカーと、アリスの「カット!」の声のどちらが早かっただろうか。カーの苦悶の表情は、恐怖ロマンスを否応なく盛り上げた。

「観客はみなゾクッと身震いしてたわ。映画ならではね」

「ネズミじゃなくて、若い女性だったらどんなに良かったことか」

「その時は、あなたにお願いするわ」

「待ってるさ」

翌年にはビリー・カークがソラックスを去り、ヴィタグラフ社へと移った。アリスが育てたスターが一人また一人と去って行った。

会社の危機を知ったアンリ・メネシエが行動に出た。財政が持ち直すまで自分の給料を半額にすることを申し出、これを他の従業員にも呼びかけたのだ。

「しばらく辛抱しよう」

「会社のためなら」

全員が給与減額を申し出たという。従業員たちのアリスへの信頼を物語る逸話だ。

しかし、彼らの努力がソラックスを救うことはなかった。アリスの下で巧みに機能していた組織が、短い間に急変した。

ソラックスはハーバートが作った新会社ブラシェ・フィーチャーズに吸収される形になり、そのブラシェ・フィーチャーズもやがてポピュラー・プレイズ・アンド・プレイヤーズという会社に統合された。ポピュラー・プレイズ・アンド・プレイヤーズ社を当時率いていたのは、ルイ・B・メイヤー(一八八四〜一九五七)、のちのMGM、メトロ・ピクチャーズを創設した人物の一人だ。

エジソンのMPPCに反発したカール・レムリやアドルフ・ズコー(第五章参照)同様、メイヤーもユダヤ系移民だ。廃品回収業から身を起こし、やはりニッケルオデオンの経営から映画の仕事に入った。その後配給に乗り出し、ハーバートの会社を吸収した頃には、D・W・グリフィスの『國民の創生』の配給権でひと財産築いていた。

生き延びるためにアメリカにやってきた男たち。利にさとい苦労人らにとって、映画は計り知れない可能性を秘めるビジネスに他ならなかった。

攻勢をかける彼らに、ハーバートの経営感覚はあまりに稚拙だった。

ソラックスを吸収したハーバートの会社が統合され、アリスは、他社の経営管理のもとで映画を監督することになる。製作についての決定権を失った。

フリーランスの監督になった、といえば聞こえはいいが、雇われの身だ。この立場でアリスが作った一作目が『罠(The Lure)』(一九一四年、ワールドフィルム)だった。当時の社会問題であった若い女性の売春を扱った作品だったため、引き受ける監督が見つからず、検閲でも一悶着あった。ただ、フタを開けると大成功で、興行収入は三十万ドルにもなった。ところがブラシェ夫妻に入った利益はたったの一万ドルだったという。

百戦錬磨の強者は、二人の夫婦関係を巧みに利用した。彼らにとって、ハーバートは迂闊で組みしやすい交渉相手だった。相手がアリス一人だったならば、そうはならなかったはずだ。

ソラックスのスタジオを売却する話がもち上ったが、最新の設備が備わった思い入れのあるスタジオだ。安値で売ってしまうことがブラシェ夫婦にはできなかった。

フォートリーを拠点にしていたユニバーサル映画のカール・レムリは、カリフォルニアに大スタジオを作った。フェイマス・プレーヤーズのアドルフ・ズコーも、同じ頃にハリウッドにスタジオを開設する。陽光あふれ、年中撮影が可能なカリフォルニアへと映画会社が次々と移っていった。

〈犬と映画関係者はお断り〉

ハリウッドに映画関係者が移転し始めた頃、こんな札が家々の戸口に貼られていた。十九世紀末には数百人だった住民が、一九一〇年代には数万人に膨れあがった。

アメリカ映画はもはやエジソンの支配下から脱却しつつあった。

大会社発展の陰で統合され、あるいは消滅していった会社はソラックスだけではない。いくつもの製作会社や配給会社が作られては統合され、そして消えていった。


一九一四年六月、オーストリア皇太子が暗殺されて第一次世界大戦が勃発した。クリスマスには目処がつくと思われていた戦争は、史上初の総動員戦へ拡大し、参戦国の人々の生活は一変する。世界一の映画の都パリは、そのピークを迎えていた。

ゴーモン社でアリスの跡を継いだルイ・フイヤードは、アンチヒーローを主人公とする犯罪映画『ファントマ』を作った。映画史上初のシリーズものとされて人気を呼び、各国に配給された。

しかし大戦が影を落とす。映画関係者の多くが兵役に取られ、物資や人員の不足から映画を作ることができなくなった。世界の映画の中心がフランスから戦争の影響が少ないアメリカへと移っていったのは自然の流れだった。

戦争が長びくと、石炭不足が電力供給を滞らせ、ニューヨーク近郊のフォートリーの繁栄にも翳りがさし始めた。スタジオは照明や暖房のために大量の電力を必要としたので、影響は深刻だった。フォートリーの映画会社はひとつ、またひとつと閉鎖された。いくつかはカリフォルニアへ移っていった。

フェミニズムの顛末(てんまつ)

ゴーモン時代にアリスは『フェミニズムの結果』(des Résultas du Féminism 一九〇六年)という映画を作った。映画の中では、男女の役割が反転している。家事や育児は男性の仕事、女性はカフェで酒を飲み、男性相手に愛を囁く。口説かれるのは男性の方だ。

滑稽な反転劇が続いたあげく、男女とも最後にはめでたく本来の役割に戻る。

この映画をはじめ、アリスの映画では、しばしば男女の役割が入れ換わる。それは衣服の交換、つまり女装や男装によって起こることもあれば、男性のように活発な女性や、女性のように気の弱い男性が登場することで起こることもある。いずれにしても、役割が逆転した男女の物語が進行するのだが、最後には男女ともあるべき本来の姿、つまり女らしい女性と男らしい男性のペアが生まれることに落ちつく。

監督アリスが男性中心社会の転覆を狙っていたわけではない。ただ、アリスが、ジェンダーを強く意識していたことがよくわかる。

「個人的なことは政治的なこと」

フェミニズムのスローガンは、女性が経験する日常の出来事こそが、男性中心の社会構造の反映だとする。結婚後のアリスは、家庭でも製作の場でも、これを実感したに違いない。

一九一二年のインタビューでアリスは次のように語った。

女性は男性に依存して生きています。芸術だけが女性に開かれた場です。女性がその「分際」にとどまる限り、さほど苦しむことはありません。しかし、女性に男性と同じ立場が与えられると苦い顔をされるのです。フランスのスタジオで男性を管理する立場にあったときは戦いの連続でした。(7)

コロンビア大学の教授がアリスに講演を依頼してきた。

「若い人たちに仕事の話をしてください」

「たいへん光栄です。でも私の英語はそれほど流暢ではありませんから」

自分に代わって夫を推薦したが、依頼者は折れなかった。

「いいえ、マダム・ブラシェ、あなたにお願いしたいのです」

「それはどうしてですか?」

「あなたが女性だからです」

映画産業が勢いづく中、第一線で仕事をするアリスの言葉には説得力があった。

「どんな仕事にしろ、成し遂げる喜びは素晴らしいものです。そんな喜びを発見してください」

この講演が縁で、アリスは社会主義活動家ローズ・パスター・ストークスに出会う。ストークスは、労働者の生活向上を目指す活動家だった。のちにアメリカ共産党創立メンバーの一人となる。貧しい家庭の女性が頻繁に妊娠しては心身を傷つけ、時には命を落としている惨状を知って、女性のための産児制限運動を進めていた。困っている人のために労をいとわぬ彼女の行為を目の当たりにして、アリスは強く心を動かされた。

ストークスの姿を見て、アリスは社会派映画の構想を抱き、製作会社ルイス・J・セルズニックに持ちかけたが鼻であしらわれたという。

産児制限運動と人工妊娠中絶を認める運動はイコールではないが、どちらも女性の権利と生活を守るためのものであるという点で一致する。女性の身体は女性自身のものであり、出産も中絶も他者に強制されるものであってはならない。こうした運動に時代が追いつくのは数十年先のことになり、その戦いは今も続く。

一九七〇年代になってアメリカ最高裁判所は、人口妊娠中絶禁止を違憲とする歴史的判決を下した。いまだこの問題は落ち着きを見せず、大統領選等でしばしば世論を二分してきた。

先に述べた、アリスが雇われ監督となっての第一作目『罠』(The Lure)は、麻薬や売春の罠に陥ってしまう若い女性を扱った映画だ。売春は当時の社会問題でもあり、アリスの興味を惹いた。

コロンビア大学では映画部門を創設する話があり、アリスが関われないかとの打診があった。「もしアメリカに住み続けていれば、関わっていたことでしょう」とアリスは語ったが、アメリカに住み続けることはなかった。

映画が学問の対象となり、アメリカ全土の大学に映画学部や研究科が生まれたのはそれから数十年後のことだ。

ソラックスが絶頂期にあった一九一三年、イギリスでは女性運動の過激派エミリー・ディビソンが、ダービーレースの軌道に飛び込んで死亡する事件が起きた。見物していたジョージ五世所有の馬に激突したディビソンの行為は過激なテロと見なされた。ただ、彼女の葬儀には女性運動家たちが多く参加し、これがデモンストレーションの場となって世の耳目を集めた。

議会政治が王政を支える立憲君主制を早くからとってきたイギリスでは、婦人参政権を求める運動も早くから始まり、女性運動家の抗議活動が注目を浴びていた。レース場での「自殺テロ行為」の一部始終をゴーモン社のカメラが記録している。

テロ行為に及んだ女性たちの叫びを、アメリカにいたアリスはどんな思いで聞いただろうか。

イギリスでの一九一八年に続いて、アメリカ合衆国が女性の参政権を認めたのは一九二〇年、フランスでは日本と同じ、第二次大戦後の一九四六年のことになる。

オルガ・ペトロヴァ

アリスとハーバートは、珍しく二人一緒にマンハッタンに出た。五番街のホテルで劇場監督と会うことになっている。ローレンス・ウェバーと名乗るその男は、演芸やボードヴィル、スポーツイベントに関わってきたニューヨーク興行界の実力者らしい。劇場に映画の配給を行う関係から、映画製作にも乗り出している。舞台劇『ティグレス』（牝の虎）を映画化し、舞台女優オルガ・ペトロヴァ（一八八四〜一九七七）をスターとして売り出すというのが今回のウェバーの計画だ。これをアリスが監督することになる。

待ち合わせの場所は五番街の一流ホテル、ウォルドルフ・アストリア。ペトロヴァを大スターとして扱う姿勢だ。

「契約については、あちらで話すことにしよう」

男たちは、バーに入って行き、女たちはカフェに残った。

「あなたが噂のマダム・ペトロヴァね」

「映画に出るのは初めてなのです」

オルガ・ペトロヴァ

真っ赤なルージュを引いている、すらりと伸びた手脚がしなやかで、笑うとあたりの空気がひときわ華やいだ。通り過ぎる誰もが振り返ってゆく。豪華なホテルが似つかわしい。

オルガ、とはスラブ系の名前だが、故郷はイギリスのウェールズだった。本名はミュリエル・ハーディングといい、父親が支配的な家庭で育った。これはウェールズの田舎に限らず、その時代には普通のことだった。ただ、娘のほうが普通ではなかった。黙って夫に従っている母親のようにはなるまい。ミュリエルは固く心に決めていた。

「食わせてやっている限りは従え」

時には暴力さえ振るう父親に反抗し、「それなら自分で稼いでみせる」と家を出た。職を転々とするうち、ロンドンの舞台に出るようになる。自立心と気の強さ、何よりも、女優として有名になるのだ、という確かな目標を持っていた。ロシア系の男と出会ったのをきっかけに、オルガ・ペトロヴァと名前を変えた。ロシア訛りの外国人を装って舞台に出たところ、それが受けた。成功するためには自己演出が必要であることを知っていた。

アメリカに渡ってブロードウェイのスター女優となったが、上昇志向は止まらない。映画に出てみたいと思い、この世界で顔が利くウェバーに相談したのだった。

初対面の二人のうち、魅了されたのはアリスではなくオルガの方だった。

「監督が女性と知ってがっかりなさらなかった?」アリスが落ち着いた声で聞く。

細いシルエットのブルーのスーツ、カフスにたっぷりとレースがあしらわれている。会話のふとした拍子にフランス語が混ざった。

優雅で洗練された物腰がペトラヴァには眩しかった。

「ヒロインの気持ちは女性にこそ理解できる。女性が監督すべきだと思います」

「女スパイの話。アクション・シーンが多いのよ」

「覚悟はできているわ。すぐにでも撮影を始めたい」

ペトロヴァが台本に見を通してみると、セリフがほとんど書かれていなかった。サイレント映画なので観客の耳にセリフは届かない。とはいえ、無言劇を撮影するわけではない。舞台劇に慣れていたペトロヴァは困惑した。

「セリフが書かれていないわ」

「私が説明するので、あなたは私が言う通りに演技してくださればいいの」

撮影現場でアリスが言葉と身振りを交えて説明し、その説明通りにペトロヴァが演技する。きめ細かい演出方法だった。

のちにペトロヴァはこう書いている。アリスの回想録の英語版で編集を行なったアンソニー・スライドに宛てたものだ。


マダム・ブラシェは、リハーサルでも本番撮影でも威厳と冷静さを決して失いませんでした。シルクの手袋をはめていながら、必要ならば鉄拳をふるうこともあったようですが、私自身はそれを見たことがありません。多くの監督のように、メガホン越しにわめくようなことは決してありませんでした。

自分の頭で考え、意志を持って行動するペトロヴァにとって、アリスが作る映画のヒロインは理想の女性に近かった。この映画『ティグレス』(Tigress)でペトロヴァはスター女優の座を手にし、その後アリスの映画に計四本出演した。

無垢でか弱い女性が運命に翻弄される。そんなメロドラマを大衆は欲した。しかしペトロヴァはそれを好まなかった。

「私は棄てる女よ。棄てられる女は演じたくない」

父に反発して家を出て、恋に落ちても容易には結婚しなかった。そんなペトロヴァにとって、男性が願望する従順な女を演じることは屈辱だった。

当時、何人もの女優が自分の製作会社を持った。ペトロヴァもその例にもれなかったのだが、一九一八年には映画界を引退して演劇の世界に戻った。

キャサリン・カルバート

〈セリグマン氏と会食。今夜は遅くなる。〉

スタジオから家に帰るとメモ書きがあった。

マンハッタンからハドソン川を渡るフェリーは夜遅くまで運行しているが、帰路が億劫なのか、ハーバートはこのところ毎晩のようにニューヨークで泊ってくる。

仕事がらみの会合が増えたのは事実だ。ただ、ハーバートが明け方までカードゲームに興じていることもアリスは知っていた。

最後に家で二人で話したのはいつだったろうか。

「きみの会社の株の五一パーセントを買い取ろう。現金を用意する。その代わり、ある舞台女優を映画スターにしてほしい」銀行家のセリグマンが言った。

「どんな女優ですか」

セリグマンが示した要求をハーバートは受け入れた。選択肢はない。どうしても資金が必要だった。会社の負債は雪だるま式に膨らみ、カードゲームの負けが追い討ちをかけていた。

キャサリン・カルバート

アリスが、キャサリン・カルバート主演の映画を撮ることになったのはそんな事情だった。

この女優を、果たしてスターにできるのだろうか。二十六歳、脚本家の夫と死別したばかりらしい。どこか寂しげな気配があるものの、したたかなところもあった。

「私をスターにしてくれる人がいらしたら、どんなお礼でもいたします」とブラシェ夫妻に明言した。

「ことにミスター・ブラシェは素敵な方ですもの」

嫣然と微笑み、アリスの面前で堂々とハーバートに近づいた。

ハーバートに接近してくる若い女性が何人もいた。端正な面立ち、イギリス風のアクセントが魅力的にひびく。ハーバートはまだ青年のように見えたし、事実まだ青年であった。

カルバートとの仕事を、アリスが好まなかったのも無理はない。

そして今日はカルバート主演の第一作目『カードの家』(House of Cards)のクランクインだった。専門職を持つ夫婦を主人公にした物語だ。医師と法律家、小さな娘がいるが、双方多忙で娘は使用人に任せきりになる。愛情のこもった世話をしてくれる人がいないため、娘は家を出てゆく。

自分たちのことを念頭に、アリスが書いた脚本だった。撮影初日は長い一日だった。脚本のこと、自分たち夫婦のこと、話し合いたいことが山のようにある。それなのに、ハーバートは帰らない。

この映画をはじめ、キャサリン・カルバートが主演する映画を、アリスとハーバートは四本監督したが、カルバートがスターとして注目されることはなかった。

一九一七年、この年アメリカが大戦に参戦した。

第七章　失意

グレイト・アドベンチャー

アリスはフリーランスの映画監督として映画を撮り続けた。

限られたスケジュールと予算は当たり前、俳優を選べないし、経験の浅いカメラマンを一から指導しなければならないこともある。感覚がずれた美術担当者を説得するのも骨が折れた。雇われの身に製作面での決定権はない。製作会社と配給会社がほぼ全てを決め、それは、ともすれば商業ベースだ。ソラックスで自分の映画を撮っていた時とは雲泥の差だった。

『グレイト・アドベンチャー』(The Great Adventure)では、ことにそれが身にしみた。製作はフランスのパテ社、マーカス・ロウが配給に関わった。

マーカス・ロウは、のちにMGM(メトロ・ゴールドウィン・ピクチャーズ)の経営者となる人物で、やはりユダヤ系だ。

付け加えておくと、MGMは、ハーバートの会社を統合したルイス・メイヤー・ピクチャーズが、サミュエル・ゴールドウィン・ピクチャーズと合併してできた。ライオンが咆哮するロゴマークは、デザインは変われど現在も同じだ。このMGMも、フォートリーのソラックス・スタジオを使って映画を撮影していた。

ロウも映画業界に入って成功したユダヤ系の一人だ。ニッケルオデオンの経営を手始めに、当時は複数の劇場チェーンを持っていた。

ヨーロッパを離れたのは生きてゆくためだ。新天地で汗水たらして働いたが、与えられる仕事は限られていた。数少ない希望の分野が映画だった。

彼らにとっての映画は、貧しさから這い上る手段であり、生活の糧だった。利益ファーストは必然のこととなる。

そんな彼らは、アリスには映画の芸術面を理解しない商売人に映ったかもしれない。

では、アリスは彼らにどのように映っただろうか。自らを「マダム・ブラシェ」と呼ばせ、服装、話し方や態度、どれ一つとってもフランス中流階級出身であることを発信する。古いヨーロッパの価値観を振りかざす高慢な女性に映ったかもしれない。

映画の誕生以来、創成期の映画に関わってきた自覚と経験を、実際のところアリスは持っていた。そんなこともあってか、フランスのパテ社からも嫌がらせを受けた。

「これじゃあ予算オーバーもいいところだ。背景美術をもっと安いものにしてくれないか」

「ありきたりな映像だね。想像力のかけらもない」

撮ったシーンを酷評された時には、さすがのアリスも自信を失った。

「私の本意ではありません。脚本に手を加えてはいけない、ということでしたわ」

ただ、『グレイト・アドベンチャー』は新進の若手女優ベッシー・ラブが主演した。イギリスの名女優フローラ・フィンチも共演している。撮影では本来の手腕を発揮することができた。

終わりよければすべてよし。興行的には大成功をおさめた。

不完全ではあるが現存するフィルムとシノプシスからこの作品を検証したアリソン・マクマハンは、監督ギイの円熟を証明する作品だと評価する。

製作にはフロリダ農園のスポンサーがついた。オレンジ農園の宣伝のために、フロリダのエバーグレイズがロケ地に選ばれた。暖かいフロリダの気候と景観がアリスのストレスを癒してくれた。思わぬ収穫は、アメリカ流ビジネスの恩恵ではあった。

アメリカの国道一号線は、北はカナダ国境付近から、東海岸を縦断してフロリダ半島の先端に達する。道は現在、この国の最南端の島キーウエストまで続く。フロリダ半島からキーウエストまでの百数十キロは、五十もの小さな島をつなぐコバルトブルーの海の道だ。どこまで続くかと思われる絶景を、自動車道が貫いている。

旅と冒険を好むアリスは、ロケ後にこの地を訪れた。苔に覆われた樹木の間から大きなカエルやワニが現れる。メキシコ湾海底の景色には目を奪われ、時間が経つのを忘れて舟から海をのぞき込んだ。フロリダの地は、疲れきっていたアリスの心と身体を休めてくれた。

ところが、癒しの時間の次に待っていたのは大きな試練の連続だった。

アリスがフォートリーに帰ると、待っていたようにハーバートがカリフォルニアに去って行った。〈すまない。きみなら一人でやっていける〉というメモ書きを残して。

計画性の無さに、もはや驚かない。ただ、話し合いもなく家族を置いて行ったことにアリスは激しい怒りを覚えた。ハーバートは、あのキャサリン・カルバートと出奔したのだった。

嘆いているひまはなかった。経済的余裕を失い、二人の子供とともにアリスは途方に暮れた。働くためには子供たちを寄宿学校に入れるしか選択肢はなかった。

シモーヌとレジナルドはアメリカ生まれのアメリカ育ちだ。母国語フランス語が危うくなってきている。フランス人としてのきちんとした教育を受けさせたい。

フォートリーの家を売り、家財道具を整理して、アリスはマンハッタンのホテルに移り住んだ。

そんな時だった。レオンス・ペレが『さまよえる魂』(Tarnished Reputation)の仕事を持ちかけてきたのは。

スペイン風邪

ここは一体どこだろう。子供たちは?

「どなたか……」

人を呼ぼうとしたが、声にならない。

記憶をたどろうとするうち、アリスは再び半透明の世界に戻っていった。


「気がついたのね、マダム・ブラシェ」

膜が張ったような意識の中で、フランス語がおだやかに響いた。

「わたしは……」

「動いてはいけないわ」

「あなたは？」

「私はヴァル、ヴァレンティーヌよ。私たちが住んでいるホテルにあなたはいるの。あなたは助かったの。幸運だったのよ」

「ああ、マダム・ペレ」

「どうなることかと心配したわ」

「子供たちは？」

「大丈夫。寄宿舎で元気にしているわ。あの子たちはママを失わずに済んだの。ああ神様。奇跡のように運がよかったのよ」

ヴェレンティーヌの目が潤んだ。

ヴァレンティーヌはかつてゴーモン社の女優だった。夫のペレも喜劇役者、パリではルイ・フイヤードの下で映画を撮っていた。フランス映画が隆盛を誇り、ゴーモン社の映画も各国に配給されていた。ペレの名も知られていた。しかし大戦が全てを変える。フイヤードをはじめ多くの従業員が兵役に取られ、フランスでは映画を作れなくなっていた。契約切れをきっかけに、ペレ夫婦はアメリカにやって来たのだ。

フォートリーのフランス人たちとの縁を足がかりに、ペレは自分の会社を作り、『さまよえる魂』の監督にアリスを選んだのだった。

報酬二千ドルという契約金の安さに挫(くじ)けそうになったが、仕事を選んでいる時ではなかった。

「主演がドロレス・カシネリ？」

魅力的な女優ではあるが、この物語のヒロインの柄(がら)ではない。

「撮影が始まるというのに、まだ脚本ができていないの？」

無軌道なのか楽天的と言うべきか、撮影近くなってもペレの脚本は一向に出来上がってこない。結局、遅れに遅れた挙句、ペレが「一緒に書こう」と言い出した時には、アリスは笑ってしまった。アリスが仕上げることになった。

そんなこともあって、映画の撮影を終えた頃には、アリスは心身ともに疲れきっていた。

撮影が終わると、編集や字幕入れの作業に取り掛かる。

その日、作業場だったペレ夫妻の部屋に着くなり、アリスは崩れ落ちてしまった。

「マダム・ブラシェ、しっかりして」

「意識がない。すぐ医者を呼ぼう」

悪い風邪が流行っていた。

一九一八年に第一次大戦が終結し、帰還兵が持ち込んだスペイン風邪はアメリカでも猛威を奮った。アメリカ人の四人に一人が感染し、六十五万人が命を落としたという。

入院が必要な状態だったが、どこも満床で行き先がない。ヴァレンティーヌがアリスを部屋に引き取り、昼夜を徹して看病したのだ。その間、撮影に加わっていたスタッフが感染して数名が亡くなっている。ヴァレンティーヌの看病がなければ、アリスは一人で死んでいたかもしれない。

「あなたは命の恩人だわ」

「困ったときに助け合うのは当たり前よ」


ハーバートがやってきた。仕事で訪れたニューヨークで、アリスのことを聞きつけたのだ。

「回復して本当に良かった」

青白い顔をしたアリスのやつれた姿を見て、さすがのハーバートも驚いた。

「動けるようになったら、カリフォルニアに来ないか」

「あなたはシモーヌたちの父親よ。子供たちと一緒に暮らしてほしいの」

「僕の妻はきみだけだ。許してくれないか」

こういう、どちらつかずの未練がましいところがハーバートにはある。

自分との縁を断ち切れないようだ。しかし、この人は今の生活を改めることができるのだろうか。「待っている」と言ってハーバートは帰って行った。

六週間後、アリスと子供たちはハリウッドに向かう。

ハーバートが住んでいたホテル・ハリウッドにしばらく滞在した。しかしアリスたちがハーバートと一緒に暮らすことはついになかった。


若い女優志望の女性が集まって来るのは、ハリウッドもニューヨークと同じだった。

ハリウッド行きの汽車に乗るのは、ニューヨークに行くよりも十倍もの勇気が要った。

東部から汽車を乗り継いで西へ行く若い娘には、それまでの生活を捨てる覚悟と、当座の生活費や衣装代が必要だった。エキストラでは食べてはいけない。何年経っても仕事が得られず、やむなく路上に立つはめに陥る娘がいた。

女優になるチャンスは誰にもあるものの、女優になれるのはひと握りだ。

おのずと若い娘は映画関係者に近づこうとする。あるいは、近寄ってくる映画関係者を相手に交渉しなければならない。オファーされる仕事の正体を見極める必要があった。自分が何を求め、何を判断の基準にするのかも自分で決めるのだ。

東部の伝統やしきたり、古い文化から解放された土地には、抜けるような青い空がある。カリフォルニアの青い空の下で、駆け引き半分の恋愛遊戯が日々繰り広げられた。

キャサリン・カルバートはすでにハーバートの側にはいなかった。

自分の子供であってもおかしくない少女のような娘。そんな女性と一緒にいるハーバートを見たある日、アリスはためらいを捨てた。

「これでおしまいにしましょう。あなたが子供たちと一緒に住めないのなら」

フォートリーから緊急の知らせがあったのはその年の暮れのことだった。

ソラックスのスタジオはアリスの名義になっている。

「すぐこちらに来てください。スタジオが大変なことになっています」

大急ぎでフォートリーに戻ってみると、工場が焼け落ちて無惨な姿をさらしていた。焦げた匂いが残る柱を前にアリスは立ち尽くした。

スタジオは、ハーバートの手によって他社に貸し出されていた。それが別のプロダクションに転貸され、そこが火事を出したのだ。

映画のフィルムは可燃性だ。このため、一九五〇年代になるまで、映画館や撮影所、現像所での火災は珍しくなかった。

出火時には約五十名が仕事に従事していたが、幸にして全員避難することができた。ただ、数多くのフィルムが焼失し、フィルムだけでも当時の額で二十五万ドルの損害が出た。その多くはセルズニック・ピクチャー社のものだった。

債権者が押しかけたが、支払いは保険金では足りない。破産手続きが終えると、アリスは全財産を失っていた。

ソラックスのスタジオが焼失したことで、映画の街フォートリーの凋落は決定的なものとなった。

戦い済んで

「ママ、この船はどこまで行くの？」レジナルドは流暢な英語を話す。

一九二二年、アリスはシモーヌとレジナルドとともにニューヨーク港を後にしていた。

「私たちの国フランスよ。故郷に帰るのよ」アリスはフランス語で答えた。

「アメリカにまた戻れる？　僕はあのカーボーイさんにもう一度会いたかったのに」

「カーボーイさんには手紙を出しましょうね。私たちの故郷はフランスなのよ。とても美しい国に、やっと帰れるの」

シモーヌは押し黙って遠ざかる風景を眺めている。甲板の手すりから遠くを見る眼は、十四歳にしては大人びていた。

自由の女神が小さくなってゆく。

同じように、小さくなってゆく自由の女神を見ていたことが過去にもあった。

あれはソラックスが世に認められ始めたころだった。出航するブラシェ夫妻の記事が映画誌を飾った。パリのゴーモン社を訪れ、家族や友人たちと再会する二カ月のヨーロッパ旅行を終えて、ニユーヨークに戻った。ほどなくスタジオをフォートリーに移転したのだった。

無我夢中だったが希望にあふれた時代だった。

あれから、自分はいったいどのくらいの映画を作ったのだろう。

ハーバートは離婚に消極的だった。かといって自分の生活を改めることもなかった。

「妻はきみ一人」と言いながら、若い女性との親密な付き合いを隠そうともしなかった。

彼はフリーの監督として映画を監督した。バスター・キートンの初主演作もそれに含まれる。

アリスもハリウッドで働き続けることはできた。ハーバート経由でいくつかのオファーもあった。

しかしそれを選ばなかった。ハリウッドで仕事をする限り、ハーバートとの関係を断つことはできなかったし、子供たちを巻き込んでの中途半端な関係は避けたかった。

晴れ渡ったカリフォルニアの空はどこまでも青い。しかし、そこは自分の居場所ではなかった。

一旦決めると揺らぎはない。裁判で養育権と最低限の養育料の保証を得た。

しかし、財産を失った今、生活の糧をどのように得るかが問題だ。十五年前、アリスをアメリカに送り出す時に母が言った言葉を思い出す。

「これから考えればいいのよ」

そうだ、フランスには母がいる。姉たちもいる。懐かしい友もいるではないか。帰って、それから考えればいい。

数えきれないほど映画を作った。自分の会社もスタジオも持った。アメリカは私に多くのことを与えた。そしてすべてを奪い去った。それでも、フランスでできることがまだあるはずだ。私にはシモーヌとレジナルドがいる。

白い波跡を残して、船はすべるように大西洋の沖へ向かっていた。

エピローグ

子供たちとフランスに戻ったアリスは、ニースに住む姉の屋敷に身を寄せた。

ニースにはヴィクトリン・スタジオという大スタジオがある。第二次大戦でパリがドイツ占領下にあった時、ここでマルセル・カルネの大作『天井桟敷の人々』(一九四五年)が撮影された。ヒッチコック、ゴダール、トリュフォーもこのスタジオを使った。短い期間だがゴーモン社が所有していたこともある。しかしこれらは全て後年のことだ。

産業として確立され、芸術として創造性に満ちていたフランス映画は、第一次世界大戦で活力を失った。代わってアメリカ映画が世界トップの座に付く。第二次大戦が終わるまでの二十年間は、フランス映画がもっとも低迷した時期だ。

躍進するハリウッドと低迷するフランス映画、アリスの帰郷はまさにそのタイミングにあった。

ヴィクトリン・スタジオは休業状態、多大な資金投入なしには映画製作は不可能だった。資金のないアリスの望みは絶たれた。

やがて世界は大恐慌時代に入る。ドルの価値が下がるとハーバートからの養育費も途絶えていった。シングルマザーのアリスには過酷な時だった。宝石や衣服を売ってしのぐ生活が続いたが、そこはアリスだ。子供たちが自立するまで窮乏生活を信念で乗り切った。

娘シモーヌは母親に複雑な思いを抱えていた。物心ついたときから世話をしてくれたのはナニーと呼ばれる子守りやベビーシッターだった。甘えたくても母は家にいない。映画は自分から母親を奪う喜ばしくないものだった。

しかし、聡明な娘は母を見て成長するうちに理解した。

いつも働いていて、若々しく、エネルギッシュな母だった。物事にこだわることなく、何にでも好奇心を持った。自然を愛し、生きることを愛した。そんな母を持ったことを心から幸せに思うようになった、と回想録(二〇二二年版)のプロローグに綴る。

英語とフランス語に堪能だったシモーヌは、やがてアメリカ大使館の職を得た。その後スイス、フランス、アメリカ、ベルギーと大使館の仕事で移動するが、いつもアリスと共に暮らした。生涯独身で、引退後は母と共にレジナルドのいるアメリカ、ニュージャージーに移る。

レジナルドは幼少期を過ごしたアメリカを忘れられなかった。成人後は軍隊に志願し、アメリカ人でいることを選んだ。

一九二七年は映画史上の画期的な年となった。トーキーの出現だ。トーキーはさらに人々を夢中にした。

音声付き映画はアリスにとっては新しいものではなかった。また、芸術性を育んだサイレント映画をトーキーが真の意味で越えるまでは時間がかかった。とはいえ、音声映画の出現によって映画は産業として複雑化し、巨大なビッグビジネスへと成長してゆく。

もはや映画はアリスのいない歴史を刻み続けていた。

映画の誕生を目撃し、最初期のゴーモン社ただ一人のフィクション映画監督として十年。アメリカでは自身のスタジオを持った。作品数は総計七百本を超える。

ところが、アリス・ギイは歴史から消え去った。そのことを最もよく理解していたのはアリス自身だった。歴史から抜け落ちた自分の存在を残すために、回想録を書き上げたが、生前に出版されることはついになかった。

一九六八年三月二十四日、かねて脳卒中を病んでいたアリス・ギイはニュージャージーの施設で九十四歳の人生を閉じた。

死亡記事が掲載されることはなかった。

さいごに

二〇一八年五月、カンヌ映画祭で『Be Natural』(監督:パメラ・B・グリーン、アメリカ)が上映された。資料をもとに情報通信技術を駆使して、謎を解きほぐすようにアリス・ギイの真実に迫るドキュメンタリーだ。邦題は『映画はアリスから始まった』。日本での一般公開は四年後の二〇二二年のことになる。

この映画に触発されて、フランスでは小さなアリス・ギイブームが起きていた。

まずフランス文化放送が、一九七五年の番組『Qui est Alice Guy?』(アリス・ギイとは誰か)を四十三年ぶりに再放送した(二〇一八年五月)。この番組には、シネマテーク・フランセーズの創設者アンリ・ラングロワ(一九一四～一九七七)や、サブカルチャー評論家で映画関係の著作が多いフランシス・ラカサン(一九三一～二〇〇八)らが加わる討論、そして晩年のアリス・ギイ本人や娘シモーヌの肉声も含まれる。半世紀を経た今も興味深い。

この番組の冒頭で、リポーターがゴーモン社ゆかりの人物に質問する。

「アリス・ギイってご存知ですか?」

「それって誰。有名人？」

「誰ですか。うちの会社の人？　わからないなあ」

ゴーモン社のマネージャーがこう答えた。

『映画はアリスから始まった』でも同様の質問が著名映画人たちに向けられた。

「いえ、知らないわ」

「聞いたことがない」

みな一様にアリス・ギイを知らない。

「映画についてはかなり読んだし、著書もある私だ。でも聞いたことがない」と答えたのは、『ラスト・ショー』(一九七一年)や『ペーパームーン』(一九七三年)で知られる映画監督ピーター・ボグダノヴィッチだ。

一九七五年の『Qui est Alice Guy?』と似たような反応だった。

ブームに話を戻すと、ヴァレリ・ウレアとナタリ・マスデュロはドキュメンタリー『アリス・ギイ無名の映画人』(Alice Guy – L'inconnue du 7e art)(Art TV)を制作した(二〇二一年)。フェミニストを自認するウレアはアリス・ギイを知っていたが、フランスの映画学校出身者であるマスデュロはアリス・ギイの名を耳にしたことがなかったと言う。リュミエールやメリエスならば映画学校の学生はおろか、フランス人なら誰もが知っていることだろう。

ジャーナリストのヴェロニク・ル・ブリが立ち上げたウェブ・マガジン『シネ・ウーマン』は、

二〇一八年に『アリス・ギイ賞』を創設した。フランスの若手女性映画監督にチャンスを与え、アリス・ギイの業績を振り返る趣旨で設けられたという。ルイ・メディア(二〇一八年設立)は、二〇一九年に始めた新シリーズ『Une Autre Histore』(もう一つの物語)の初回でアリス・ギイを取り上げた。ジャーナリズムを学んだフランス人女性たちが立ち上げた局のこの番組では、大きな足跡を残しながら世間では知られざる女性たちを取り上げている。

触発されたのはフェミニストだけではない。ジョセ・ルイ・ブケとカテル・ミュラーは、アリス・ギイの物語をグラフィックノベル化した(二〇二一年九月)。グラフィックノベルとはベデ(BD)、日本でいう漫画にあたる。

このほかにも、アリス・ギイを扱った絵本、ジュニア向け読み物、小説や映画がフランスやアメリカで作られている。特異な生まれ、映画史における存在としての珍しさ、栄光と失意の両方を経験した起伏ある一生が米仏のサブカルチャーの素材になった。

それにしても、なぜアリス・ギイは忘れられ続けたのだろうか。

答えはシンプル。女性だったから。これはアリス自身が語っていることでもある。しかし、私たちが考える映画史における彼女の存在の大きさと、その後の完全なまでの忘却との落差をそれだけで説明できるものだろうか。

作品のクオリティがそれほどでもなかったのか？

実は人間的に問題のある人だったのか？

しかし、証言や資料が示すのは、むしろその逆のことばかりだ。

ではなぜ？

まず、レオン・ゴーモンが技術系の人間だったことは無視できない。ゴーモンの優先事項はいつも技術開発にあった。「ダンスを習いに行ってもいいよ。その代わり仕事だけはちゃんとして」のノリで、この理系上司はアリスの映画作りを許した。それは歌であれ、芝居であれ、絵画であれ、何でも同じだったことだろう。紳士たるもの、若い秘書のお遊びをまともに相手にしなかった。ということになっているが、むしろ、創造性とは数字と法則の世界のものであって、情緒や情動をともなうものはゴーモンの頭脳に届かなかったのではないだろうか。ゴーモンにとっての映画とは機械技術であり、映画作品そのものを重視することはなかった。

ゴーモン社が成長したのは映画の収益によるものであるという、経営者としての理解はある。しかし彼の目標は機械技術の開発と普及にあり、映画製作には興味がなかったのではないか。これは私の憶測に過ぎないが。

アメリカでのクロノフォン事業への思い切りの悪さもこのことを裏付ける。アメリカ市場に不向きだったクロノフォンの営業を諦めることなく、技術改良を延々と続けた。

一九三〇年に作成されたゴーモン社の会社概要に、主要社員としてのアリスの名前が記載されることはなかった(注記には言及された)。創業以来のアリス・ギイの会社への貢献を考えると明らかな手落ちだ。これを知ったアリスはゴーモンに書簡を送った。以後アリスとゴーモンの間で交わされた書簡が残っている。ゴーモンはアリスの意見を認め、アリスの会社への貢献に感謝の念を示す手紙を書いている。二人の間の信頼関係を示すものだ。

とはいえ、その会社概要が訂正されることはなかった。ゴーモンは一九三〇年に引退、ゴーモン社は経営不振に陥り、他社との合併・再編が続いた。このため、訂正されないままの会社概要が情報源として残ったと思われる。

ルイ・フイヤードについても似たことが言えそうだ。ドル箱シリーズ『ファントム』を生んだ功績にもかかわらず、公式の場で会社の功労者としてゴーモンが言及するのは、技術畑の社員ばかりでフイヤードではなかったという。

アリスの名が会社概要に載らなかった影響は尾を引いた。

中でもジョルジュ・サドゥール(一九〇四~一九六七)が著した『世界映画大全』にアリスの名がなかったことの影響は大きい。『世界映画大全』は、映画を幅広い視野から語る六巻から成る大著であり、後世の学徒、研究者、評論家たちにとっての事典であり資料となった。徹底した調査に基づいて書かれた書物ではあるが、初期のゴーモン社についてはアリス抜きの会社概要を参考にした。この結果、アリスは完璧なまでに映画史から抜け落ちてしまったのだ。

第二次大戦後に映画観客数が飛躍的に伸び、映画は研究・批評の対象となって、いくつもの映画史が編纂されるようになる。これら全てにアリス・ギイが登場することはなかった。

この結果、彼女が監督した映画は、たびたび他の監督の作品とされてしまう。作品のみならず、スタジオに“Be Natural”の標語を掲げた例の逸話を、アルベール・カペラニに帰する書物まで現れている。(注11)

ある雑誌の記事が、ジェルメーヌ・デュラックをフランス初の女性映画監督とした時には、アリスは抗議の手紙を書いた。アリスが『キャベツ畑の妖精』を撮ったのはデュラックの映画よりも二十年も前のことだった。その雑誌社がこれを訂正することはなかったという。

同じく、アメリカ初の女性映画監督はロイス・ウェバーとされた。アメリカ人としてはウェバーが初の女性映画監督かもしれない。しかし、アリス・ギイがアメリカで映画を作り始めたのはその数年前のことだ。

何よりも、ウェバーに撮影の手ほどきをしたのがアリスだったことも知られていいだろう。アリスとハーバートがウェバー出演のフォノセーヌを撮影した、とアリス自身が語っているが、その時点(一九〇八年)で、アリスの技量にハーバートが適うはずはなかったと思われる。

映画監督という言葉が存在しなかった時代には映画の著作権の観念もなかった。初期映画には製作者の名も出演者の名もクレジットされることなく、フィルムが保存されることすらなかった。この結果、フィルムのほとんどが散逸・消失する。加えてフィルムは可燃性、容易に燃えてしまった。アリスの作品に限らず、一九一〇年代までの映画フィルムの大部分は失われてしまった。

脚本の著作権が認められたのは一九一二年のことで、フィルムが保存されるようになったのはそれからだ。アリス・ギイが歴史から消えたもう一つの理由は、七百本以上製作したフィルムの大部分が残っていないことにほかならない。

一九五〇年代はじめ、レオン・ゴーモンの息子ルイ・ゴーモンがゴーモン社の社史を編纂した。ルイは子供時代に会ったことのあるアリス・ギイのことを覚えていて、ゴーモン社初期の歴史について、アリスに情報を求めてきた。

アリスの存在を再認識したルイは、シネマテック・フランセーズの創始者アンリ・ラングロワらとともにアリス・ギイの名誉回復のために尽力する。一九五五年、フランス映画のパイオニアとしての功績を認められたアリス・ギイはレジオン・ドヌールを受賞した。これを機にテレビや雑誌がアリスを取材するようになる。すでに八十歳を超えていたが、高齢で元気でいたことは幸いだった。

ブリュッセルに住んでいた一九六三年、ベルギーで映画学を指導していたヴィクトール・バシーにアリスは出会う。これがきっかけでバシーはアリス・ギイの研究に着手した。成果は『アリス・ギイ-ブラシェ(一八七三〜一九六八)、世界初の女性映画監督』(Alice Guy-Blaché(1873-1968) :La Première femme cinéaste du monde 一九九三年)へと実を結んだ。アリス・ギイの生涯と作品を網羅する初のアリス・ギイ研究書となった。

一方、ルイ・フイヤードについての調査からアリス・ギイに行きついたサブカルチャー評論家がいた。フランシス・ラカサンだ。ラカサンは英国映画協会のサイト・アンド・サウンド誌にギイについてのエッセイを発表した。一九七一年のことだ。一九七六年になって出版されたアリスの回想録『Autobiographie d'une pionnère du cinéma, 1873-1968』にはラカサンが作成したアリスのフィルモグラフィが付記された。

この回想録の英語版は、アンソニー・スライド編集、ロベルタ・ブラシェとシモーヌ・ブラシェの翻訳で一九八六年に出版された。

一九九三年に出版されたバシーの著作がきっかけとなったのか、第十六回クレテイユ国際女性映画祭ではアリス・ギイに焦点が当てられた。クレテイユ映画祭は、創設以来フェミニズム運動をサポートしている。翌年にはニューヨーク近代美術館を皮切りに全米とカナダのトロントでアリス・ギイの作品が次々と上映された。

その後、カナダ国立映画庁はドキュメンタリー映画『失われた庭：アリス・ギイ＝ブラシェの一生と仕事』(The Lost Garden:The Life and work of Alice Guy Blaché, The World's First Woman Filmmaker)を製作し、一九九五年に公開した。これらが英語圏の研究者を刺激した。二〇〇二年に出たアリソン・マクマハンの『アリス・ギイ＝ブラシェ、失われた幻影』(Alice Guy Blaché: Lost Visionary of the Cinema)は英語圏初のアリス・ギイ研究書となった。

ところで、アリス・ギイについて語るものは、ドキュメンタリーも含めてそのほとんどが回想録とアリス自身の発言を基としている。回想録は主にアリスが七十歳代の時に書かれ、インタビュー類はアリスが八十歳代の時に行われた。つまり、どの情報も晩年のアリス・ギイの記憶から引き出したものだ。強引な言い方をすると、記憶とは、思い出す作業を経て本質的に曖昧な性格を持つ。したがって、記憶から引き出される回想録や自伝とは、元来捉えどころなく、真実とフィクションの間を揺らぐものであり、撚り合わさった真実とフィクションを解きほぐすことは容易ではない。そして真実とは、その時その場にいる者しか知りえないものだ。私たちが知らされている史実もまた、記憶の要素を含んで受け継がれてきた。アリス自身の記憶なしでは、映画史はアリス・ギイを含まないまま引き継がれていたことだろう。

前半生の二十年余を初期映画の歴史とともに生きたアリス・ギイは、その後の四十年余を、自身の存在回復のために生きた。それは、大きな足跡を残しながら社会の構造的理由から忘れられてしまった自身を掘り起こすことにほかならず、期せずしてフェミニストの支持を得ることになる。

女性が作った映画は信頼できる、という思いを持って一映画ファンとして映画を観てきた。信頼できる、とは共感できる、と言い換えて差し支えない。観て快哉を叫び、胸を痛め、言葉にできない何かしらの感情に満たされた経験は、男性が作った作品を観た時よりも、例えばアニエス・ヴァルダ、一九八〇~二〇〇〇年代ならばコリーヌ・セロー、サリー・ポッター、ジェーン・カンピオンらの映画を観た時の方がはるかに確率が高かった。彼女たちの映画の主題は主要部であれ細部であれ、こちらのツボを突いてくる。

それは、彼女たちが、自身の問題を映像にしているからであり、彼女たちの問題は私自身の問題とも重なった、ということになる。

アリス・ギイが映画を作ったのは百年以上前のことになり、多作とはいえ残っている作品はわずかだ。不本意な作品もあったことだろう。しかし、仮に自分が百年前の観客であったならば、上記の監督たちの作品を観た時に似て、ギイ描く女性の行動にツボを刺激されたに違いない。

アリス・ギイの名には枕詞のように「世界初の」が付けられる。世界初の女性映画監督、世界初のフィクション映画監督。そしてアリスが行った「世界初」はこれらに留まらない。クローズアップも、連作も、誰よりも早かった。ユダヤ系など、人種や民族の扱いについても、アメリカに渡った外国人ならではの発想を知ることができる。黒いメイクの白人を使わず、黒人俳優を出演させたことも当時は画期的なことだった。

残された資料をもとに、アリス・ギイを含めた映画史をいま一度検証することが必要だろう。アリスについて書かれた日本語のものは、回想録の日本語版(二〇〇一年)と子供向け読み物を除いて今のところ見当たらない(二〇二三年春)。この魅力的な人物について、研究者やフェミニスト以外の人々にも親しんでもらいたいという思いから、つたない筆で本書を試みた。

できる限り文献をもとに綴ったが、史実を探る過程の膨大な情報量を前に、改めて自身の微力を知ることになった。

さいごに、拙著出版の機会を与えて下さった彩流社の河野和憲社長、河野氏への橋渡しをいとわず買って出て下さった武部好伸先生、そして執筆を支えてくれたすべての皆さんと、この本を手にして下さったあなたに心から感謝申し上げる。

注

（1） Qui est Alice Guy? (1ère diffusion en 1975), Radio France. での発言。

（2） 以下参照。

Gianati, Maurice, “Alice Guy a-t-elle existe? ” in Maurice in Gianati and Laurent Mannoni (eds), *Alice Guy, Léon Gaumont et les debuts du film sonore*, John Libbey Publishing Ltd., 2012.

（3） これらは以下から引用。

Bachy, Victor, *Alice Guy-Blaché (1873-1968) La première femme cinéaste du Monde*, Institut Jean Vigo. 1993, p36-37.

（4） 以下から引用。

永冶日出雄「アメリカにおけるリュミエール映画の需要および排除——シネマトグラフの世界的浸透　その３」愛知教育大学研究報告：人文学・社会学編、45号、一九九六年。

（5） Ibid.

（6） McMahan, *Alison, Alice Guy Blaché Lost Visionary of the Cinema*, Continum, 2003.

（7） 例えば以下の書物など。

Dietrick, Janelle, *Alice & Eiffel: A New History of Early Cinema and the Love story Kept Secret for a Century*, BookBaby, 2016.

（8） アリス・ギイ回想録のプロローグ冒頭から。

Guy, Alice, *Autobiographie d’une pionnière du cinéma (1873-1968)*, Denoël/Gontier, 1976.

（9） 以下参照。

Bachy, Victor, *Alice Guy-Blaché (1873-1968) La première femme cinéaste du Monde*, Institut Jean Vigo. 1993, p.185.

（10） 以下の BAppendix C 参照。

Guy, Alice, Anthony Slide (ed.), Roberta Blaché and Simone Blaché (trans.), *The Memoirs of Alice Guy Blaché, Rowman & Littlefield Edition*, Lawman & Littelefield, 2022.

（11） 例えば以下の書物など。

ブラウンロウ、ケヴィン『サイレント映画の黄金時代』宮本高晴訳、国書刊行会、二〇一九年。

[書籍・論文]

Bachy, Victor, *Alice Guy-Blaché (1873-1968) La première femme cinéaste du Monde*, Institut Jean Vigo. 1993.

Butler, Alison, *Women's Cinema*, Wallflower, 2002.

Dietrick, Janelle, *Alice & Eiffel: A New History of Early Cinema and the Love story Kept Secret for a Century*, BookBaby, 2016.

Gaines, Jane M., "Of Cabbages and Authors" in Jennifer M. Bean and Diane Negra (eds.), *A Feminist Reader Early Cinema*, Duke University Press, 2002.

Gianati, Maurice, "Alice Guy a-t-elle existe ? " in Maurice in Gianati and Laurent Mannoni (eds), *Alice Guy, Léon Gaumont et les debuts du film sonore*, John Libbey Publishing Ltd., 2012.

Gianati, Maurice, "Alice Guy et les phonoscènes" in Maurice in Gianati and Laurent Mannoni (eds), *Alice Guy, Léon Gaumont et les debuts du film sonore*, John Libbey Publishing Ltd., 2012.

Guy, Alice, *Autobiographie d'une pionnière du cinéma (1873-1968)*, Denoël/Gontier, 1976.

Guy, Alice, Anthony Slide (ed.), Roberta Blaché and Simone Blaché (trans.), *The Memoirs of Alice Guy Blaché, Rowman & Littlefield Edition*, Lawman & Littelefield, 2022.

Hastie, Amelie, "Circuits of Memory and History: The Memoires of Alice Guy-Blaché" in Jennifer M. Bean and Diane Negra (eds.), *A Feminist Reader Early Cinema*, Duke University Press, 2002.

Jean Collomb, Jean et Patry, Lucien, Du Cinématographe au cinéma: 1895-1995 100 ans de technologies cinématographiques françaises, Dixit, 1995.

Koszarski, Richard, *Fort Lee: The Film Town*, John Libbey Publishing Ltd., 2004.

Lagman, Larry, *American Film Cycles: The silent Era*, Greenwood Press, 1998.

McMahan, Alison, *Alice Guy Blaché Lost Visionary of the Cinema*, Continum, 2003.

Slide, Anthony, *The Silent Feminists*, Rowman & Littlefield, 1996.

Toulet, Emmanuelle, "Le cinéma a l'Exposition universelle de 1900", *Revue d'histoire moderne et contemporaine (1954-) T. 33e, No. 2*

(Apr. - Jun., 1986), pp. 179-209 (31 pages) Société d'Histoire Moderne et Contemporaine, 1986.

飯塚英一『若き日のアメリカの肖像　トウェイン、カーネギー、エジソンの生きた時代』彩流社、二〇一〇年。

永冶日出雄「アメリカにおけるリュミエール映画の需要および排除　シネマトグラフの世界的浸透　その3」、愛知教育大学研究報告：人文学・社会学編、四十五号、一九九六年。

松田祐子『主婦になったパリのブルジョワ女性たち』大阪大学出版会、二〇〇九年。

山内由賀『19世紀フランスにおける女子修道院寄宿学校』春風社、二〇二一年。

ギイ、アリス（松岡葉子訳）『私は銀幕のアリス』パンドラ、二〇〇一年。

スクラー、ロバート（鈴木主税訳）『アメリカ映画の文化史〈上・下〉』講談社、一九九五年。

ブラウンロウ、ケヴィン（宮本高晴訳）『サイレント映画の黄金時代』国書刊行会、二〇一九年。

マッサー、チャールズ（岩本憲児編・監訳、仁井田千絵・藤田純一訳）『エジソンと映画の時代』森話社、二〇〇五年。

メリエス、マドレーヌ・マルテット（古賀太訳）『魔術師メリエス：映画の世紀を開いたわが祖父の生涯』フィルムアート社、一九九四年。

ローレンス、クリストファー（鈴木圭介訳）『エジソンに消された男〜映画発明史の謎を追って』筑摩書房、一九九二年。

［ウェブサイト］

Alice Guy Blaché by Alison McMahan, Women Film Pioneers Project in partnership with Columbia University.
https://wfpp.columbia.edu/pioneer/ccp-alice-guy-blache/
Bazar de la Charité, Wikipédia L'encyclopédie libre.
https://en.wikipedia.org/wiki/Bazar_de_la_Charité
Gustave Eiffel, Wikipedia, the free encyclopedia.
https://en.wikipedia.org/wiki/Gustave_Eiffel
La Victorine: les 100 ans des studios qui voulaient devenir Hollywood, Le Podcast Journal.
https://www.podcastjournal.net/La-Victorine-les-100-ans-des-studios-qui-voulaient-devenir-Hollywood_a26846.html
Léon et Camille Gaumont, Des Gens, Les infos du Grand Paname.
https://www.des-gens.net/Leon-et-Camille-Gaumont

Studios de la Victorine, Wikipédia L'encyclopédie libre.
https://fr.wikipedia.org/wiki/Studios_de_la_Victorine

[放送・DVD・動画など]

Alice Guy a-t-elle existé ? Une conférence de Maurice Gianati (2010, Conférence), La Cinémathèque Française.
https://www.canal-u.tv/chaines/cinematheque-francaise/alice-guy-a-t-elle-existe-une-conference-de-maurice-gianati
Be Natural (2019, DVD) : The Untold Story of Alice Guy-Blaché, directed by Pamela B. Green, Kino Lober Inc.
Histoires de femmes artistes, lutter pour créer, Épisode 3/4 : Alice Guy, une réalisatrice laissée hors champ (2021, Radiodiffusion), Radio France.
https://www.radiofrance.fr/franceculture/podcasts/le-cours-de-l-histoire/alice-guy-une-realisatrice-laissee-hors-champ-7739098
Nathalie Masduraud et Valérie Urréa: "L'appétit de cinéma d'Alice Guy nous a bouleversées", (2021, Radiodiffusion), Radio France.
https://www.radiofrance.fr/franceculture/podcasts/par-les-temps-qui-courent/nathalie-masduraud-valerie-urrea-realisatrices-2817971
Qui est Alice Guy ? (1ère diffusion en 1975), Radio France.
https://www.radiofrance.fr/franceculture/podcasts/les-nuits-de-france-culture/qui-est-alice-guy-5694320
The Lost Garden: The Life and Cinema of Alice Guy-Blaché (1995, Film), directed and written by Marquise Lupage, The National Film Board of Canada Production.
https://www.youtube.com/watch?v=zli0mysaUeU
The Lumière Brothers' First Films (1996, DVD), Institut Lumière.
Une Autre Histoire, Alice Guy Blaché, 1-6 (2019, Radiodiffusion), Louie Media.
https://louiemedia.com/une-autre-histoire

その他 YouTube による映像作品動画。右記ウェブサイト、放送・DVD・動画は、二〇二〇〜二〇二三年視聴。

【著者】
吉田はるみ
…よしだ・はるみ…
関西学院大学大学院修士課程修了。大阪市立大学文学研究科博士課程中途退学。関西学院大学非常勤講師。映画研究家・映画愛好者。

アリスのいた映画史（えいがし）
二〇二三年七月二十五日　初版第一刷
著者――吉田はるみ
発行者――河野和憲
発行所――株式会社 彩流社
〒101-0051
東京都千代田区神田神保町3-10大行ビル6階
電話：03-3234-5931
ファックス：03-3234-5932
E-mail：sairyusha@sairyusha.co.jp
印刷――明和印刷(株)
製本――(株)村上製本所
装丁――中山デザイン事務所(中山銀士＋杉山健慈)

ISBN978-4-7791-2910-0 C0074
https://www.sairyusha.co.jp

フィギュール彩

〔既刊〕

㊾憐憫の孤独

ジャン・ジオノ◉著／山本省◉訳

定価（本体1800円＋税）

自然の力、友情、人間関係の温かさなどが語られ、生きることの詫びしさや孤独がテーマとされた小説集。「コロナ禍」の現代だからこそ「ジオノ文学」が秘める可能性は大きい。

⑥②マグノリアの花

ゾラ・ニール・ハーストン◉著／松本昇他◉訳

定価（本体1800円＋税）

「リアリティ」と「民話」が共存する空間。ハーストンが直視したアフリカ系女性の歴史や民族内部に巣くう問題、民族の誇りといえるフォークロアは彼女が描いた物語の中にある。

⑨①おとなのグリム童話

金成陽一◉著

定価（本体1800円＋税）

メルヘンはますますこれからも人びとに好まれていくだろう。「現実」が厳しければ厳しいほどファンタジーが花咲く場処はメルヘンの世界以外には残されていないのだから。

フィギュール彩

〔既刊〕

⑪ 壁の向こうの天使たち

越川芳明◉著

定価(本体 1800 円+税)

天使とは死者たちの声なのかもしれない。あるいは森や河や海の精霊の声なのかもしれない。「ボーダー映画」に登場する人物への共鳴。「壁」をすり抜ける知恵を見つける試み。

㊼ 誰もがみんな子どもだった

ジェリー・グリスウォルド◉著/渡邉藍衣・越川瑛理◉訳

定価(本体 1800 円+税)

優れた作家は大人になっても自身の「子ども時代」と繋がっていて大事にしているので、子どもに向かって真摯に語ることができる。大人(のため)だからこその「児童文学」入門書。

㊵ 編集ばか

坪内祐三・名田屋昭二・内藤誠◉著

定価(本体 1600 円+税)

弱冠32歳で「週刊現代」編集長に抜擢された名田屋。そして早大・木村毅ゼミ同門で東映プログラムピクチャー内藤監督。同時代的な活動を批評家・坪内氏の司会進行で語り尽くす。

フィギュール彩

〔既刊〕

㉒大阪「映画」事始め

武部好伸◉著

定価(本体 1800 円＋税)

新事実！大阪は映画興行の発祥地のみならず「上映」の発祥地でもある可能性が高い。エジソン社製ヴァイタスコープの試写が難波の鉄工所で1896年12月に行われていたのだった。

㉑百萬両の女　喜代三

小野公宇一◉著

定価(本体 1800 円＋税)

「稀代の映画バカ小野さんがついに一冊かけてその愛を成就させました！」(吉田大八監督)。邦画史上の大傑作『丹下左膳餘話・百萬両の壺』に出演した芸者・喜代三の決定版評伝。

⑯監督ばか

内藤誠◉著

定価(本体 1800 円＋税)

「不良性感度」が特に濃厚な東映プログラムピクチャー等のＢ級映画は「時代」を大いに反映した。カルト映画『番格ロック』から最新作『酒中日記』まで内藤監督の活動を一冊に凝縮。

彩